선교지
예배당 건축
이야기

이 저서는 2021년 '순교자 김상현 목사 가족기념 석자기금'의 지원으로 수행된 연구임

선교지
예배당 건축
이야기

지은이 변창욱
펴낸곳 도서출판 케노시스

등 록 제2011-24호(2011. 5. 23)
전 화 02) 453-2208, 450-5435-6
팩 스 02) 2201-6953
주 소 서울시 광진구 광장로 5길 25-1

인 쇄 2022년 7월 25일
발 행 2022년 7월 30일

ISBN 979-11-85698-45-8 (03230)

값 18,000원(*파본은 바꿔드립니다)

선교지
예배당 건축
이야기

변창욱

도서출판 케노시스

추천의 글

교회 개척, 예배당 건축, 자립 선교하는 교회, 사람을 세워가는 것이 선교이다. 단순히 건물만 짓는 것은 금물이다. 선교는 척박한 땅에 말씀의 씨를 뿌려 움이 트고 싹이 나서 뿌리를 든든히 내려 건강하고 견실한 교회를 세우는 것이다. 세월이 흘러도 꺼지지 않는 복음의 발전소, 즉 사람이나 사탄이 막을 수 없는 예수 선교의 발전소 교회가 되도록 계속해서 기도해야 한다. 『선교지 예배당 건축 이야기』는 인도 대나무교회부터 인도네시아 정글, 캄보디아 오지, 몽골 도심, 중남미 산꼭대기까지 교회의 주인이신 예수님과 함께 건강하고 견실한 교회를 개척한 사례를 다룬다. 한편 한국의 어떤 경우에는 국내외에서 개척교회보다 '별장 교회'를 짓겠다고 설치는 교회가 있으니, 이들 교회에 이 책을 꼭 읽도록 강권하며 추천한다.

이광순 I The Light Mission 이사장, 전 장로회신학대학교 선교신학 교수

이 땅에 세워진 하나님의 모든 교회는 그 어떤 건물과도 비교할 수 없는 기막힌 사연과 스토리를 가지고 있다. 우리 PCK가 파송한 자랑스러운 선교사들은 그 어떤 사역보다 주의 몸 된 교회를 세우는 사역을 펼쳐 왔다. 세계 8개 지역에 파송된 10명의 선교사가 어떻게 교회를 세웠고, 어떤 사역을 펼쳤는지 간증하는 예배당 건축 사례를 모았다. 이 책의 교회

개척 사례를 읽는 중에 선교사 시절 눈물로 세웠던 교회들, 선교중심 목회를 하며 열방에 세웠던 60여 개의 교회 모습이 떠올라 가슴이 뜨거워짐을 느꼈다. 개척된 교회를 차례대로 하나씩 방문하여 바라보는 마음으로 이 글을 읽으며 모~든 교회의 유일한 설립자 되시는 하나님께 찬양과 감사를 드릴 수 있기를 바란다. 귀한 이야기들을 보석같이 엮어내신 변창욱 교수의 수고에 감사를 표한다.

허원구 | 부산장신대학교 총장, 전 부산산성교회 목사/칠레 선교사

삼자(三自) 선교정책은 가장 잘 알려진 선교 방법으로, 선교지의 인적 · 물적 자원 부족 현상을 대처하기 위해 고안되었다. 그런데 이 정책의 정당성은 널리 인정받았으나 실현가능성에 대해서는 논란의 여지가 있었다. 1900년 미국 뉴욕 에큐메니컬 선교대회에서 삼자정책의 대표적인 성공사례로 한국교회가 손꼽혔는데, 타 선교지에서도 적용될 수 있을지에 대해서는 의문이 제기된 바 있었다. 여하튼 한국교회의 삼자정책, 특히 한국교회의 예배당 건축은 널리 알려졌다. 이런 전통과는 달리, 이후의 한국선교는 반(反)삼자정책적 선교 심지어 '돈 선교'를 한다는 비판을 받아왔다. 그런데 다행스럽게도 이 책은 삼자정책에 투철한 예로 여러 선교지에서 이뤄진 자립형 예배당 건축 사례를 다양하게 소개하고 있어, 한국선교의 균형을 잡고 있다. 특히 관련된 이론과 실제를 종합적으로 잘 다루고 있기에 선교정책 연구서는 물론이고 선교 현장 사역용 지침서 역할까지 하고 있어서 널리 일독을 권한다.

안교성 | 장로회신학대학교 역사신학 교수, 전 몽골 선교사/총회 세계선교부 총무

선교지에서 예수를 전혀 모르던 이들에게 복음을 전하고, 그들이 예수를 믿고, 헌신하여 자신들의 예배 처소를 세우는 일은 단순한 건축 이야기가 아니다. 이것은 위대한 한 편의 서사시처럼 웅대하고 감동적이며 새벽 풀 내음처럼 시들었던 복음의 후각세포를 흔들어 깨우는 각성제이다. 변창욱 교수는 세밀한 발굴과 고증을 통해 자립 선교 현장을 예리한 필치로 드러냄과 동시에 구체적 사례를 적시함으로써 한국선교의 '시린 손가락'인 자립 선교의 상처를 꼼꼼히 치유한다. 이 책을 통해 나 자신도 과거 선교의 잘못을 반성하게 된 것은 고통스럽지만 유익한 성찰의 계기가 되었음을 밝힌다. 선교를 지망하는 모든 분과 선교 지도자, 후원교회 목회자, 선교 현장에서 자립 선교를 위해 애쓰는 선교 사역자들에게 이 책을 강력히 추천한다. '가보지 않은 길'을 먼저 걸어간 분들에게 통찰을 빚진다는 것! 이것이야말로 참된 '사랑의 빚'이 될 것이다. 쉬 잊히지 않는 통찰을 얻게 될 것이다.

김철민 | 대전제일교회 담임목사, 총회 선교연구위원회 위원장, 전 인도네시아 선교사

한국 선교사들이 가장 많이 관계하는 사역은 교회 개척, 제자훈련, 교육선교, 캠퍼스 사역 순이다. 교회 개척 방법, 교회 관리 및 운영 그리고 리더십 이양 시기 결정은 선교에 있어 매우 중요하다. 선교사가 주도하는 예배당 건축은 현지의 자립정신을 저해한다. 선교사가 어떤 방법으로 교회를 세우느냐에 따라 현지교회의 미래가 크게 좌우된다. 바른 방법으로 개척하면 사명을 감당하는 교회로 세워지지만, 잘못된 방법으로 세워진 교회는 연약한 교회가 될 수밖에 없다. 교회 개척은 예배당 건축을 의미하지 않는다. 그리스도의 몸인 교회를 세우는 일에는 시간이 걸리며, 건강한

몸으로 세우는 일을 포함한다. 현지인 중심의 건강한 토착교회를 세우기 위해 부단히 노력하고 애쓴 PCK 선교사들의 교회 개척 사례 일부가 소개되어 매우 기쁘다. 선교의 문이 점점 닫히는 때에 이 사례연구 보고가 좀 더 바른 선교로, 본질을 회복하는 선교로 나아가려는 한국교회 선교를 위해 귀하게 쓰임 받게 될 것을 확신한다.

홍경환 | 총회 해외 · 다문화선교처 총무, 전 태국 선교사

인도네시아 선교사였을 때 오지에 개척된 교회들을 방문할 기회가 있었다. 비행기, 오토바이 그리고 배를 타고서야 겨우 도착한 깔리만딴의 작은 마을, 비포장도로를 반나절 이상 달려야 갈 수 있는 수마트라의 무슬림 마을, 미전도 종족이 거주하는 자바의 여러 도시 등 모두 쉽게 갈 수 없는 곳이다. 그곳에 있는 교회들을 보면서 소중함과 감사함을 경험했다. 성도들이 기도와 물질로 '하나님의 집'을 세운 것은 귀하고 감사한 일이다. 본서는 필리핀 선교사였고, 장신대 선교학 교수인 저자가 해외 여러 선교지에서 다양하게 사역하는 PCK 선교사들과 1년 넘게 작업한 역작이다. 현장(context)의 중요성을 강조하는 선교학의 특성을 반영하여, 여러 지역에서 교회 개척과 예배당 건축 사례를 다각도로 검토한 본서의 창의성과 기여도가 매우 돋보인다. 한국선교의 중요한 선교정책인 교회 개척과 건축 사례를 모은 이 책이 교단을 초월하여 건강한 현지교회 설립에 널리 활용되기를 기대한다.

정승현 | 주안대학원대학교 선교학 교수, 전 인도네시아 선교사

차 례

선교는 '건물'이 아니라 '사람'을 세우는 일이다. 건축물은 언젠가 허물어질 것이기 때문에 교회 건물에 큰 의의와 목적을 두지 않기도 한다. 그럼에도 불구하고 교회 건물이 필요할 때가 있다. 교회 건물이 세워지면 새로운 사람들을 교회로 인도하기가 쉬워진다. 한국교회의 100% 후원으로 자체 예배당을 갖게 되면서 가정에서 모이던 전도처/기도처가 성장했다는 선교보고가 있었다. 또한 예배당 건축 후에 출석 교인이 늘어나 자립교회로 발전해 간 사례들을 선교지에서 쉽게 찾아볼 수 있다. 교인들이 많이 모이지만 자신들의 힘으로 교회 건물을 지을 수 없는 경우나, 직접 훈련시킨 신실한 제자들을 위해 예배당을 건축하여 '선물'로 주고 싶은 선교사의 마음도 충분히 이해할 수 있다. 그러므로 선교지에서의 예배당 건축 지원을 무조건 부정적으로 볼 필요는 없다.

한국교회는 교회 개척을 가장 중요하게 생각하며, 전 세계 선교지에 엄청난 헌금을 하여 수많은 교회를 개척했다. 참으로 귀하고 감사한 일이다. 문제는 선교지에 예배당을 많이 세우는 것만이 능사는 아니라는 것이다.[1] 또한 한국교회는 '교회 개척'을 '교회 건물 건축' 혹은 '예배당 건축'으로 그 의미를 축소하여 이해하거나 혼동하여 사용하는 경우가 많았다.[2]

예배당을 세우는 것보다 헌신된 현지 목회자를 세우는 일이 더 중요하며, 예배당 건축 후에도 선교사의 지속적인 관심과 목회 권면이 필요하다. 건축이 끝난 후에 교회 건물에 대한 소유권 등기를 하여 추후에도 임의로 매각할 수 없도록 법적인 조치를 해놓아야 한다.

필리핀에서 선교사(2003~2006)로 사역하면서 저자는 "건강한 자립교회 세우기"에 대해 많은 생각과 고민을 하였다. 한국교회 헌금지원으로 세워진 현지교회 중에 (불가피한 이유로) 선교사가 떠난 이후에 현지인 사역자가 교회 건물을 사유화한 경우, 교회 건물이 방치되다가 방과 후 학교로 사용되는 경우 그리고 저자가 방문했을 때 현지인으로부터 버려진 채 있던 교회 건물 구입을 제안받았던 적도 있었기 때문이다.[3)]

장신대 재직 시, 저자는 이 주제에 대해 학술논문을 쓰기도 했으며,[4)] 신학생, 총회 파송(PCK) 선교사 훈련생 그리고 현장 선교사들을 가르치면서 이를 강조했으며 이러한 주제를 다룬 선교사들의 학위 논문을 지도하기도 하였다.[5)] 미국 프린스턴(Princeton) 신학대학원 유학 초기, 지도교수였던 앨런 닐리(Alan P. Neely, 1928-2003) 박사를 통해 저자는 사례 연구법을 이용한 선교학 연구방법을 배웠다.[6)] 닐리 교수는 사례 연구를 활용하여, 선교 현장 문제와 논쟁점을 선교 신학적으로 새롭게 이해하고 사고할 수 있는 안목을 열어주었으며, 이를 통해 선교지 상황에 가장 적합한 방안을 찾도록 도와주었다.

이 책은 10명의 PCK 선교사와 인터뷰뿐 아니라, E-mail과 SNS(카카오톡) 등 비대면을 통해 선교현장의 다양한 교회 개척과 예배당 건축사례를 1년여 동안 수집하고 정리한 것이다.

이를 지역별(종교) 및 사역 유형으로 세분화(도표)하면, 다음과 같다.

1) 동남아시아: 인도네시아(이슬람), 캄보디아(불교), 말레이시아(이슬람)
2) 서남아시아: 인도(힌두교), 방글라데시(이슬람)
3) 중앙아시아: 몽골(불교)
4) 중남미: 콜롬비아(로마가톨릭), 온두라스(로마가톨릭)

〈표〉 선교지 사례의 종교권 및 사역 유형별 분류

	사역 국가	선교사	사역유형	종교권/권역별	사역 내용
1	인도	조범연	에큐메니컬 협력	힌두교/서남아	교회 개척-예배당 건축
2	몽골	허석구	타문화권/전문인	라마 불교/중앙아	교회 개척-예배당 건축-리더십 이양
3	〃	정광윤	타문화권	〃	〃
4	캄보디아	오태근	〃	소승불교/동남아	〃
5	인도네시아	송광옥	〃	이슬람/동남아	〃
6	콜롬비아	김위동	〃	로마가톨릭/남미	〃
7	온두라스	박명하	〃	로마가톨릭/중미	〃
8	말레이시아	남명현	에큐메니컬 협력	이슬람/동남아	예배당 건축 협력
9	방글라데시	이석로	전문인	이슬람/서남아	자립 의식 고취 & 자립선교
10	〃	장만영	타문화권	〃	신학교육-자립선교

본서에서 다루는 선교지 교회 개척과 예배당 건축 사례는 사역 내용에 따라 아래의 4가지 유형으로 구분된다.

1) 교회 개척 → 예배당 건축 → 현지 목회자 리더십 이양
2) 현지 교단(교회)과 에큐메니컬 협력을 통한 예배당 건축 지원
3) 전문인(의료) 선교사로서 선교병원을 통한 현지인 자립의식 고취
4) 교수 선교사로서 신학교 교육을 통한 자립-자전하는 현지교회 설립

한국 선교사의 50% 이상이 교회 개척에 관여하고 있기에 예배당 건축은 가장 중요한 사역임에 틀림없다. 동시에 이는 한국교회의 가장 민감한 주제이기도 하다. 이러한 한국교회의 '역린'(逆鱗)을 건드리는 이유는 건축을 위해 바친 성도들의 소중한 헌금을 효과적으로 사용해야 할 뿐 아니라 선교지 교회를 건강하게 세우기 위함이다. 선교지에서 예배당을 건축할 때에는 지혜가 필요하다. 이 책은 시행착오를 줄이고 건강한 교회를 세워나가고 있는 현장 선교사들의 개척경험을 나누기 위해 저술하였다. 사례연구(case study)의 목적은 선교사들의 개별 사례를 통해 일반화된 이론을 제시하는 데 있다.

위의 10가지 사례를 통해 개개의 선교사들은 자신만의 특이한 상황, 목회 환경이나 배경을 바탕으로 현지 교인들의 참여와 잠재력을 이끌어내기 위한 맞춤형 접근법을 제시한다.[7)] 이 책이 제공하는 다양한 사례와 분석 및 평가를 참고하여, 선교사들은 자신에게 적합한 교회 개척 및 예배당 건축이론을 세워나갈 수 있을 것이다. 어떻게, 어떤 방식으로 선교지에서 교회 개척과 예배당 건축을 해야 하는지, 본 예배당 건축 사례집이 현장 선교사뿐 아니라 선교를 돕는 후원교회에 유용한 참고자료(handbook)로 활용되기를 바란다.

Gloria Patri et Filio et Spiritui sancto

광나루 선교관 사택에서

변창욱 교수

장신대 선교학/선교역사, 총회 세계선교훈련원 원장

1) "선교지에 예배당 많이 짓는 것이 능사일까," 『국민일보』 (2018.01.25). http://news.kmib.co.kr/article/view.asp?arcid=0923890256&code=23111117&cp=nv. "헌신하는 마음으로 한 예배당 건축… 선교지엔 오히려 악영향?," 『아이굿뉴스』 (2020.07.15) http://www.igoodnews.net/news/articleView.html?idxno=63845.

2) 최근 아세아연합신학대학교(ACTS) 김한성 교수가 이 문제의 원인과 해결방안을 시의적절하게 다룬 바 있다. 김한성, 『선교지에 어떤 교회를 세울 것인가?』 (서울: 예영커뮤니케이션, 2020)를 참조하라.

3) 필리핀에서 선교사가 권총 강도를 당해 부상을 입어 선교지를 떠난 후, 교회 건물이 현지인 사역자에게 넘어가 사유화되어 버린 경우도 있었다, 글렌 쉬와르츠도 아프리카에서 선교사가 교회를 떠난 이후 교회 건물이 개인 재산으로 넘어간 경우를 소개하고 있다(Glenn J. Schwartz, *When Charity Destroys Dignity: Overcoming Unhealthy Dependency in the Christian Movement* (Lancaster, PA: World Mission Association, 2007), 56).

4) 변창욱, "한국교회의 자립선교 전통과 비자립적 선교행태," 『선교와 신학』 제27집 (2011. 봄): 239-278; 변창욱, "중국교회 자립과 효율적인 선교비 사용," 『선교와 신학』 제31집 (2013. 봄): 206-247.

5) 김춘자, "선교지 개척교회 자립에 관한 연구: DSM의 필리핀 개척교회를 중심으로" (선교학 석사학위논문, 장로회신학대학교 세계선교대학원, 2014); 김정희, "자립선교를 위한 교회 개척 사례연구: 모스크바 줄리비노 임마누엘 교회를 중심으로" (선교학 석사학위논문, 장로회신학대학교 세계선교대학원, 2015).

6) Alan Neely, *Christian Mission: A Case Study Approach*, 김영동 옮김, 『사례 중심으로 본 선교 이해』 (서울: 쿰란출판사, 2005).

7) 선교지의 생생한 (때로는 나누기가 쉽지 않은) 사례를 정리해주시고, 원고 내용을 여러 차례 확인해 주신 선교사님들께 감사한 마음을 전한다.

제1장

인도 교회 개척

- 대도시·중소도시·시골 예배당 건축 -

조범연 선교사(에큐메니컬 선교협력) 사례

"너희 안에서 착한 일을 시작하신 이가
그리스도 예수의 날까지 이루실 줄을
우리는 확신하노라"
(빌립보서 1:6)

1. 선교사역 소개

조범연 선교사는 2006년 대한예수교장로회 통합 총회(PCK) 선교사로 인도에 파송 받아 16년간 사역하고 있다. 그는 아세아연합신학대학교(ACTS)에서 연구교수로 사역하던 중에 인도 선교사로 부르심을 받았다. 그는 2006년부터 지금까지 16년 동안 인도 중북부 뿌네(Pune)에 있는 유니온 비블리칼 신학교(Union Biblical Seminary, UBS)[1)]에서 선교학 교수로 현지 신학생들을 가르치면서 틈틈이 교회 개척 사역을 감당하고 있다. 인도는 중국에 이어 세계 2위의 인구 대국이며, 1인당 국내총생산(GDP)은 2,116달러(세계 168위, 2021년 IMF 자료)에 불과한 매우 가난한 나라이며, 빈부격차가 심한 나라이다.

UBS 교수 사역 외에 현장에서 실제로 일할 수 있는 사역자 양성을 위해 조범연 선교사는 교회 개척자 훈련 신학기관을 설립하였다. 2011년 순천의 여러 교회와 서울동노회 후원으로 인도 중부 차티스가르(Chhattisgarh) 지역과 북동부 나갈랜드(Nagaland) 지역에 어메이징 그레이스 신학교(Amazing Grace Theological College)를 설립하고, 3년 과정의 교회 개척자 양성 사역을 시작하였다.[2] 매년 60~70명의 교회 개척자를 배출하였으며, 이들은 450여 곳의 교회를 개척하였다.[3]

본 장에서는 인도 대도시(주택가), 중소(외곽) 도시, 농촌/시골 지역 등, 지역에 따른 교회 개척과 예배당 건축 과정을 살펴본다.

*** 조범연 선교사 프로필**

- 1987.02 장로회신학대학교 신학과
- 1992.02 장로회신학대학교 신학대학원(M.Div.)
- 1994.02 장로회신학대학교 대학원(Th.M./기독교윤리)
- 2005.02 아세아연합신학대학교 대학원 박사(Ph.D./선교학)
- 1995~2000 구파발교회 부목사
- 2001~2009 아세아연합신학대학교 선교대학원 연구교수
- 2006.02~현재 총회 파송 인도 선교사[4]
- 2006~현재 유니온 비블리칼 신학교(UBS) 교수(선교학)
- 2011~현재 어메이징 그레이스 신학교 총장(차티스가르)
- 2014~현재 어메이징 그레이스 신학교 총장(나갈랜드)

2. 중소(외곽) 도시 예배당 건축

1) 나갈랜드 바쿠후리 교회 소개

2012년 목회자 가정집에서 시작된 바쿠후리 교회의 담임 교역자는 니켈(1982년생) 목사이며 신학사(B.Th.) 학위를 소유하고 있다. 조범연 선교사는 자신이 진행하는 목회자 훈련과정[5]을 통해 그를 알게 되어 교회 건축을 지원하게 되었다. 이 교회는 나갈랜드주(州)의 중소도시이자 변두리 농촌 지역인 디마뿌르(Dimapur)에 있다. 매 주일 100여 명의 성도가 예배에 참여하며, 교인 대부분은 소작농으로 인력시장에서 일하는 일용직 노동자들이며, 인도 대중교통 수단인 삼륜택시(오토릭샤)나 택시 운전을 하는 교인들이 일부 있다. 가정당 한 달 수입은 100~200달러(한화 120,000~240,000원)이며 생활 수준은 하류층에 속하는 편이다.

2) 바쿠후리 교회 예배당 건축 과정

2012년 니켈 목사 가정에서 첫 예배를 드린 후 1년 만에 20명 이상의 성도가 모이는 교회로 성장하였다. 예배당 건축의 필요성이 제기되어 니켈 목사는 265㎡(80평) 정도 되는 본인 소유 주택 부지의 절반인 132㎡(40평) 규모로 벽돌 예배당을 건축하기로 하였다. 예배당 건축비는 약 2,200만 원으로 산정되었다. 2013년 니켈 목사와 가족이 600만 원을 헌금하였고, 이를 가지고 기초 공사에 착수하였다. 그 후 교인들이 200~300만 원의 건축헌금을 추가로 모았다.

이를 바탕으로 교회 기초 공사를 시작하였는데, 벽돌 담을 올리고, 그 위에 양철 지붕을 얹었다. 그러나 더 이상의 공사 추진이 어려운 상태가 되었는데 공사비의 절반 이상이 부족했기 때문이다. 그리하여 한국교회를 연결하여 1,000만 원을 지원 받았으며 교회는 전기공사와 내부 페인트 도색까지 마침으로써 벽돌 교회 건축을 마무리하였다.

조범연 선교사는 인도에서 예배당 건축을 지원할 때, 현지 교인들이 건축비 50% 이상을 감당하게 하고, 50% 이하만을 지원하는 원칙을 고수한다. 바쿠후리 교회의 경우, 건축비 2,200만 원 중에서 목사와 교인들이 1년 동안 1,200만 원을 헌금하였고, 한국교회는 1,000만 원을 지원하였다. 현지 교인들이 55%를 감당하고, 선교사는 45%를 지원한 셈이었다.

바쿠후리 교회는 교인이 20~30명일 때 예배당 건축을 시작하였고, 건축이 진행되는 1년여 동안 교인들의 숫자는 크게 변동이 없었다.[6] 그러나 예배당이 아름답게 완공되자 교인들이 증가하기 시작하였다. 입당 예배 후 6개월 만에 교인 수가 50명을 넘어섰고, 1년이 경과한 때에는 100여 명으로 늘어나 재정적으로 안정된 교회가 되었다. 이제는 목회자 사례도 이전의 두 배인 30만 원으로 인상되었다. 조범연 선교사는 현지 목회자 생활비를 정기적으로 지원하지 않는데,[7] 이유는 목회자는 교인들과 함께 살아야 하므로 미자립교회라도 교인들 스스로 목회자 사례비를 책임지도록 하기 때문이다.

3. 대도시 주택가 예배당 건축

1) 뿌네 나사렛 교회 소개

담임 목회자인 마누엘 목사(1979년생)는 신대원(M.Div.)을 졸업하였다. 그는 조범연 선교사가 인도 나사렛 교단 지도자들과 교류를 하던 중, 예배당 건축이 필요한 교회로 소개받은 목회자이다.

2014년 마누엘 목사는 처갓집에서 교회를 개척하였다. 교회는 인도 마하라쉬트라(Maharashtra) 주 뿌네 칼리안나가르(Kalyan Nagar)라는 인도 대도시의 주택가에 있다. 2022년 현재 80여 명의 교인이 매 주일 예배를 드리고 있다. 청년층이 많으며, 오래된 신자들도 꽤 있다. 교인들은 대학생, 직장인, 공무원, 은퇴한 중년층으로 구성되어 있으며, 도시 근로자답게 월평균 소득은 300~500달러(한화 360,000~600,000원)로 비교적 높은 편이다.[8)]

2) 나사렛 교회 예배당 건축과 자립

2014년 조범연 선교사가 마누엘 목사를 처음 만나 교제할 당시, 가정교회 형태로 30명이 넘는 교인들이 예배를 드리고 있었다. 그의 장인은 헌신된 기독교인이었으며, 자신의 집을 개방하여 예배 처소로 제공하였다. 교회가 주택가에 위치하며 땅값이 상당히 비쌌기 때문에 2층 옥상에 116㎡(35평) 규모의 벽돌 예배당을 건축하고, 1층은 목회자 사택 및 주방으로 활용하기로 하였다.

예배당 건축비는 2,000만 원 정도로 산정되었으며, 마누엘 목사와 장인과 장모 그리고 온 교우들이 건축헌금을 하였다. 교인들이 드린 헌금 700만 원으로 건축을 시작하였다. 도시 주택가 지역의 2층 공사는 까다롭고, 비용도 많이 들어가는데, 일반적으로 예배당 건축비(땅값과 공사비)가 시골 지역보다 1.5배 정도 혹은 그 이상 든다. 2층 예배당 벽면 공사와 천장(슬래브) 공사를 하는 데 3개월이 걸렸고, 공사비는 1,000만 원 정도 소요되었다. 후에 조범연 선교사는 한국교회를 연결하여 1,000만 원을 후원받아 마무리 공사 및 전기공사 그리고 바닥 타일까지 마쳤다.

그런데 창문 공사 진행 중에 공사비가 소진되었다. 이에 마누엘 목사와 교인들이 열심히 기도하며 400만 원을 더 헌금하여 교회 봉헌을 끝내게 되었다. 정리하면, 나사렛 교회의 예배당 건축에 총 2,400만 원이 소요되었는데, 현지교회가 1,400만 원을 부담하고, 나머지 1,000만 원을 한국교회가 지원하였다. 건축비 감당 비율로 보면, 현지 교인들이 58%를, 한국교회가 42%를 부담한 것이다.

예배당 건축을 시작할 때 30여 명의 교인이 정기적으로 출석하고 있었으며, 목회자 사례비는 30만 원 정도였다. 6개월 만에 가옥 2층에 예배처소를 완공하자, 교인이 증가하기 시작하였다. 6개월이 경과한 때, 교인이 60명으로 늘어났고, 특별히 주택가 어린이와 청년들이 예배에 참석하기 시작하였다. 이후 교회는 출석 교인 70~80명을 유지하고 있으며, 교회는 재정적으로 완전히 자립하여, 목회자에게 약 50만 원의 사례비를 지급하고 있다.

※ 대도시-중소도시 예배당 건축 매뉴얼

도시 예배당 건축과 시골 예배당 건축은 건물이 들어설 지역에 따라 비용 면에서 큰 차이가 있다. 도심지는 교회 부지를 구하기 힘들 뿐만 아니라, 구입하는데 엄청난 비용이 소요된다. 도시에서의 예배당 건축은 다음과 같은 단계를 거치게 된다.

1. 현지교회의 예배당은 현지 교인 주도로 건축하게 한다.[9)]
2. 도심에서는 단층집 옥상을 예배 처소로 활용할 수도 있다.
3. 예배당 건축 초기 단계에서 선교사는 기도로만 돕는다.
4. 현지 교인들이 먼저 최선을 다해 건축헌금을 하게 한다.
5. 선교사는 예배당 건축을 서두르지 말고, 1년 정도 지켜본다.
6. 그 후 한국교회를 연결하여 예배당 건축을 지원한다.
7. 외부 자금 지원에도 건축비가 부족하면, 부족분은 현지교회가 채우도록 한다.
8. 예배당 건축 후에 현지교회 목회자 생활비나 교회 운영비를 지원하지 않는다.

4. 시골 지역 예배당 건축

1) 아쌈[10)] 카르비앙롱 빌리버스 교회 소개

담임 목회자 리테쉬 목사(1977년생)는 조범연 선교사가 인도에서 빌리버스 교단과 교류하면서 열악한 농어촌교회를 후원해 달라는 요청을 받으면서 만나게 되었다.

그는 신학사(B.Th.) 학위를 소지하고 있으며, 2010년에 고향 마을에 와서 교회를 개척하였다. 교회는 인도 동북부 아쌈(Assam) 주의 농촌 마을 카르비앙롱(Karbi Anglong)에 있다. 2022년 현재 70여 명의 교인이 주일 예배에 참여하고 있다. 교인 대부분은 소작농이거나 시장에서 채소 등 농산물 판매에 종사하며, 일용직 노동자들도 있다. 교인들의 월평균 소득은 약 120,000원($100) 정도로 인도 국민의 평균 소득보다 더 낮은 열악한 환경에 처해 있으며, 하류층에 속한다.

2) 빌리버스 교회 예배당 건축 과정

2009년 리테쉬 목사는 고향 마을의 가정집에서 빌리버스 교단의 부분적인 후원을 받으면서 교회를 개척하였다. 초기에는 교인 수가 20여 명에 불과했으며, 예배 환경이 너무나 열악하여 대나무 예배당을 짓기로 하였다. 교인들이 재정적으로 감당할 수 없을 정도로 가난하여 2014년 조범연 선교사는 200만 원의 건축비를 지원하여 73㎡(22평) 규모의 대나무 예배당을 지어 주었다. 이는 40~50명을 수용하는 친환경적인 건축물이었다.

교회 건물이 완공된 이후 오래지 않아 교인이 40~50명까지 증가하였다. 그러나 대나무 집 예배당은 비바람에 취약하였으며, 3년이 경과 할 즈음에 강풍에 지붕이 뜯겨 나가고, 대나무 벽면이 파손되었다.[11] 이에 온 교인들이 대나무 예배당을 허물고 벽돌 예배당을 짓기로 하고, 기도하며 헌금하여 400만 원을 건축비로 모았으나, 부족하여 교단에 건축비 지원을 요청하였다. 이에 교단 지원금 350만 원으로 교회 건축을 시작하게 되었다. 벽돌 예배당 총건축비는 2,000만 원 정도로 산정되었다.

2017년 교회 건물을 짓는 동안 리테쉬 목사와 교인들은 일꾼 식사를 준비하고, 허드렛일을 도우면서 일용직 노동자처럼 자원봉사하며 기초 공사와 벽면 공사를 마쳤으나, 예배당 지붕과 나머지 공사를 마무리 할 수 있는 돈이 없었다. 2018년 예배당 건축 공사가 중단된 지 1년이 되어갈 즈음에 조범연 선교사는 한국교회가 1,000만 원을 후원하게 하여 빌리버스 교회를 완공하였다. 교회는 단순하고 소박하지만 깔끔하게 지어졌으며, 공사비로 2,000만 원이 소요되었다. 현지 교인들이 50%, 한국교회 지원이 50%였다.

인도 아쌈 지역은 가난한 농촌지역이며, 목회자 월 사례비는 5만 원에 지나지 않는다. 그러나 교단 본부에서 매월 5만 원의 생활비를 보조해주며, 목회자는 교회 텃밭에서 채소를 재배하고, 교인들이 식량을 제공해주기 때문에 굶지는 않는다. 처음 가정교회에서 모일 때 20여 명이었던 교인은 대나무 교회를 건축하면서 50명으로 증가하였고, 벽돌 예배당을 완공한 이후 현재 80여 명이 예배를 드리고 있다. 깊은 내지에 있어서 교인들의 수준은 열악하고, 아직도 목회자 월 사례비는 10만 원 정도에 머물고 있다.

※ 농촌(시골)지역 예배당 건축 매뉴얼

한 달 수입이 1~2만 원에 불과한 인도 농촌지역의 절대 빈곤층 교인들이 헌금하여 자력으로 예배당을 건축하는 것은 거의 불가능하다. 초기에 가정에서 예배를 드리다가 교인 수가 증가하면 다음과 같은 단계를 거쳐 예배당을 짓게 된다.

1. 개척 초기에는 가정집에서 예배를 드리기 시작한다.
2. 교인 30여 명이 모이면 더 큰 예배당이 필요하다.
3. 오지에서는 대나무나 목조 예배당을 짓는 것이 효과적이다.
4. 빈곤층 지역 예배당 건축 시, 전액을 지원하여 건축하기도 한다.

5. 대나무 예배당 회집 인원이 50명을 넘으면, 벽돌 예배당이 필요하다.
6. 인도교회와 한국교회가 50:50의 비율로 건축비를 분담하도록 한다.
7. 상당한 비용이 소요되는 벽돌 예배당 건축 시, 현지 교단과 협력하여 추진한다.[12]

5. 선교지 예배당 건축을 위한 제언

일반적으로 현지인들은 외국 선교사의 재정 지원에 의존하려는 경향을 보인다. 그러므로 건강한 예배당 건축을 하려면 몇 가지 원칙이 필요하다.

첫째, 현지 교인들이 예배당 건축을 주도하게 하라. 현지인들이 헌금과 기도로 건축을 시작하면, 공사비가 부족하여 공사가 중단될 시점이 온다. 그럴 때, 나머지 부족분을 채워주는 방식을 취한다. 선교사가 예배당 건축의 주도권을 쥐면 안 되며, 배후의 후원자로 남아야 한다. 교회 건축을 할 때 현지인들의 힘으로 헌금하여 예배당을 짓도록 하고서, 부족한 부분을 채워주는 형식으로 건축을 돕는다.

둘째, 개인적 신뢰 관계가 있는 현지 목회자나 교단 요청에 따라 예배당 건축을 시작하라. 예배당 건축 사례 중 60%는 조범연 선교사가 목회자 훈련과정이나 신학교에서 가르친 제자들의 요청으로 시작되었다. 나머지 40%는 현지 교단의 건축 지원 요청을 받고 도와준 경우였다.[13] 선교사가 사전 조사를 하지만, 건축할 예배당 선정은 현지 목회자의 의견을 반영하여 결정한다.

셋째, 현지교회와 한국교회의 건축비 분담 비율을 50:50으로 정하라. 현지 교인들도 건축비의 일정 부분을 감당하도록 해야 한다. 간단하게 건축할 때도, 한국교회의 후원이 50%가 넘지 않도록 했다. 인도에서는 99 ㎡(약 30평) 규모의 단순한 형태의 벽돌 예배당을 짓는데 2,000~3,000만 원이 소요된다. 현지 교인들이 참여하지 않고 지어진 예배당은 그들의 자립 정신을 빼앗아 갈 수 있기에 공동 분담의 방식을 채택하고 있다.[14]

넷째, 예배당 건물이 들어설 지역 상황에 따라 지원 비율을 융통성 있게 적용하라.[15] 도시 예배당 건축과 시골 예배당 건축은 비용 면에서 차이가 크다. 도시는 땅값이 비싸고, 건축비도 높을 수밖에 없다. 도시에서 교회 건물을 건축하기가 쉽지 않지만,[16] 도심지 예배당 건축도 50:50 원칙을 지키려고 노력한다. 하지만 시골의 극빈층 지역에서 단순한 형태로 건축하는 경우, 전액을 지원하기도 한다. 즉, 50:50 원칙을 융통성 있게 적용하고 있다.

다섯째, 현지교회를 돕더라도, 의존성과 거지 근성을 심어주지 않도록 조심하라. 선교사가 전적으로 도와주게 되면, 현지인들에게 자신은 노력하지 않고 남의 도움만 바라는 인식을 강화시키고 도와주면 줄수록 더 받으려고 하는 거지 근성과 외부 자금에 의지하게 할 위험성이 있다. 현지 교인들도 예배당 건축을 위해 헌금하고 기도할 책임이 있다. 현지 교인들이 부분적으로라도 참여하게 되면, 자신들의 교회라는 주인의식을 갖게 될 뿐 아니라, 교회에 애착을 갖게 된다.

여섯째, 예배당 건축 시에 건축재정과 모든 건축 과정을 현지 목회자에게 일임하라. 예배당을 건축할 때, 현지교회가 교회 부지를 준비하게 한다. 이후 건축이 시작되면, 건축에 관한 모든 것을 현지 목회자에게 맡긴다. 단, 격주로 사진이나 재정 상황을 보고 받는다. 예배당 완공 후에는 신축한 현지교회에 후원한 한국교회 이름을 머릿돌에 붙이게 하고,[17)]이후 한국에서 후원교회가 방문하면 함께 봉헌 예배를 드린다.

일곱째, 봉헌 예배 후에 현지교회 목회자 생활비나 교회 운영비를 지원하지 마라. 예배당 건축을 부분적으로 지원하여 완공한 후에, 선교사는 6개월에 한번씩 목회자 재훈련 과정을 가진다. 그리고 예배당을 지어 준 현지 목회자를 다시 만나 교제하고 목회적 권면과 격려하는 시간을 갖는다. 그러나 현지 목회자 사례비나 생활비를 정기적으로 도와주지는 않는다. 상황에 따라 도와주는 경우가 있겠지만 가급적 이 원칙을 지키려고 한다.

여덟째, 현지교회의 필요는 하나님이 채우신다는 믿음으로 자립교회의 기초를 세우라. 선교사가 100% 지원으로 건축해주는 이유는 후원교회로부터 예배당을 세우라는 압박을 받기 때문이다. 유념할 점은 선교사가 현지 목회자와 충분한 교제나 비전을 공유하지 못하고 도와주면, 단지 교회 건물만 지어주는 관계로 끝나기 쉽다. 건축을 지원하기 전에 현지 목회자와 신뢰와 경청을 바탕으로 친밀한 인간관계를 형성하는 것이 중요하다.

※ 조범연 선교사의 교회 개척 및 예배당 건축 매뉴얼

1) 현지 목회자나 현지 교단 요청으로 예배당 건축을 지원한다.[18)]

2) 건축할 예배당 부지는 현지교회가 준비하도록 한다.

3) 건축하기 전, 현지 목회자와 친밀한 인간관계를 형성한다.

4) 현지 교인들이 건축비 일정 부분을 먼저 드리게 한다.[19)]

5) 도시 벽돌 예배당 건축 시, 현지교회와의 부담 비율을 50:50으로 한다.[20)]

6) 극빈 지역 목조 예배당 건축 시, 공사비 전액을 지원하기도 한다.[21)]

7) 예배당 건축재정과 과정을 현지 목회자에게 일임한다.[22)]

8) 교회 개척을 도울 뿐, 현지교회 담임목사로 사역하지 않는다.[23)]

9) 예배당 건축 후에, 현지 목회자 생활비를 지원하지 않는다.[24)]

10) 헌당 후에도, 현지 목회자를 지속적으로 만나 권면(재훈련)한다.[25)]

6. 조범연 선교사 사역 평가

인도 UBS신학교 사역뿐 아니라, 지방 신학교를 통해 교회 개척자 양성에 힘쓰고 있는 조범연 선교사는 교회가 설립될 지역 여건과 경제 상황에 따른 개척방안을 제시한다. 그는 교회가 들어설 지역 상황에 따른 특화된 예배당 설립방안, 즉 대도시 주택가, 중소-외곽 도시, 그리고 농촌 시골 지역에서의 맞춤형 건축방안을 제안한다.

교회 개척지 유형에 따른 예배당 건축 매뉴얼을 살펴보면, 인도에서의 교회 개척은 3단계 (가정교회 ⇨ 대나무/목조 교회 ⇨ 벽돌 교회) 발전과정을 따른다.[26)]

1단계: 신학교 졸업생들은 가정교회를 개척한다.

2단계: 가정교회가 부흥하고 성장하여 30여 명의 교인이 모이면, 대나무 혹은 목조 재료를 이용한 예배당을 건축한다.

3단계: 대나무/목조 예배당 교인이 50~80명이 되면, 더 크고 견고한 벽돌 예배당 건축을 지원한다.

이런 과정을 통해 조범연 선교사는 총 450여 개의 예배당을 건축하였다. 이를 지역별로 세분화하면 시골/농촌에 400개, 도시지역에 50개 예배당을 개척하였으며, 교회 형태별로 나누면 대나무 예배당[27] 350개, 벽돌 예배당 100여 개에 해당한다. 대나무 예배당의 경우, 건축비 50% 미만을 지원했으며, 교회 형편에 따라 각기 다른 액수를 지원하였다.[28]

조범연 선교사는 예배당 건축 시에 현지교회-한국교회 50:50 분담 원칙을 고수한다. 현지 교인들이 건축비의 50%를 먼저 내게 하고, 나머지 50%는 한국교회 후원으로 채우려고 노력한다. 예외적으로, 현지인 자력으로 건축할 수 없는 농촌 절대 빈곤층에는 250개 교회를 한국교회 전액(100%) 지원으로 대나무 예배당을 적당한 크기로 지어 주었다. 이를 도표로 정리하면 다음과 같다.

〈표〉 지역 및 교인 수에 따른 예배당 건축 지원

교회 형태	교인 수	부담 비율(현지:한국)	교회 수	개척지 비고
가정교회	1~30	100:0		초기 개척
대나무 교회	30~50	50↑:50↓	100개	시골/농촌
		0:100(전액 지원)	250개	절대 빈곤층
벽돌 교회	50~80	50:50	100개	대도시, 중소도시, 시골/농촌

조범연 선교사는 한국교회의 전액 지원으로 건축해준 경우와 현지교회와 함께 재정 부담을 하여 건축한 교회 사이에 발생하는 차이에 주목할 필요가 있다고 한다. 현지 교인들의 참여 없이 100% 외부 후원을 받아 건축한 교회는 예배당 건물이 창고로 전환되거나, 교회가 없어지는 경우가 있었던 반면, 현지 교인들이 예배당 건축 과정에서 부분적으로라도 참여하였으면 목회자나 교인 모두 교회 성장에 열심을 내는 경우가 많았다고 증언한다.

본 장에서 조사한 나사렛 교회(대도시), 바쿠후리 교회(중소도시), 빌리버스 교회(시골 지역) 사례 모두 예배당 건축 후에 교인 수가 성장한 것으로 나타났다. 이들의 공통점은 한국교회가 부분적으로라도 예배당 건축을 도와주면, 현지교회가 성장한다는 것이다. 또한 한국교회의 전액 지원을 받아 예배당을 건축한 때도, 교회가 성장한 경우가 여럿 있었다고 한다.

종합하면, 자립교회의 설립은 모든 선교사가 꿈꾸는 궁극적 목표이다. 자립교회 개척이론은 급속한 교회 성장이 일어나는 지역 혹은 중산층 중심의 도시교회 설립 과정에서 좋은 결실을 거두는 경우가 많다. 그러나 교회 성장이 더디거나 자립을 위한 경제적 기반이 거의 없는 저소득 극빈층에서 자립정책을 고수하게 되면, 교회 개척과 성장할 기회마저 얻지 못할 수도 있음을 인식해야 한다.[29)]

자립교회의 설립과 관련하여, 중요한 점은 현지교회가 아무리 약해 보여도 '주님의 교회'이지 '내 교회'가 아니라는 것을 기억할 필요가 있다. 어떤 상황에서도 '여호와 이레'의 주님을 신뢰해야 한다.

주

1) 1953년 설립된 UBS는 신대원(M.Div.)부터 박사(Th.D.)까지 다양한 학위 과정을 제공한다.
2) 차티스가르와 나갈랜드의 어메이징 그레이스 신학교에는 각각 75명의 신학생이 재학 중이다.
3) UBS가 신학교 교수요원을 주로 양성하는 곳이었기에 이곳에서는 교회 개척자를 찾지 못했다.
4) 2006년 2월 북인도교회(Church of North India) 봄베이 교구(Bombay Diocese) 소속 에큐메니컬 선교동역자로 파송 받아 Union Biblical Seminary에서 신학교육을 하였다.
5) 나갈랜드와 차티스가르 지역 목회자들을 초청하여 1년에 4~6회(3박 4일) 진행하는 목회자 재충전 프로그램이다.
6) 당시 목사의 월 사례비는 15만 원이었고, 그는 부모로부터 식량 지원을 받고 있었다.
7) 가끔 도울 때도 있지만, 매월 정액으로 후원하지는 않는다.
8) 2020년 인도 1인당 국민 소득은 1,900달러(2,242,000원), 월 소득은 186,833원이었다.
9) 외부에서 선교사가 주도권을 쥐고 재정을 지원하는 경우, 현지 교인들의 자존심을 상하게 할 수 있다.
10) 아쌈은 한국의 ¾ 크기에 인구 3,500만 명이 거주하며, 주민 90%가 농업에 종사하는 매우 가난한 주다.
11) 대나무 집 예배당은 비가 많이 내리는 우기에 빗물이 들이치고, 3년이 지나면 대나무가 변색하기 시작하고, 5년이 경과하면 예배당이 심하게 뒤틀리고 상하면서 외관이 보기 흉하게 된다.
12) 조범연 선교사는 인도 마하라스트라 지방의 나사렛 교단의 협력과 재정 보증으로 15개 예배당을 건축했으며, 아쌈 지역에서는 빌리버스 교단의 중재와 재정 보증으로 20개 예배당을 건축하였다.
13) 인도 나사렛 교단, 빌리버스 교단, 침례교단과 교류하며, 교단 요청에 따라 교회 건축을 지원하였다.
14) 선교사는 현지 교인들이 자신들의 목회자 사례비를 책임져야 한다는 의식을 심어주려고 노력했다.
15) 조범연 선교사는 450곳의 예배당 건축 지원을 했는데, 그중 시골이 400여 곳, 도시는 50여 곳이다.
16) 도심에서는 목회자나 성도의 가정집 옥상이나 2층에서 가정교회 형태의 예배로 모이는 경우가 많다.
17) 완공된 현지교회 머릿돌에 한국교회(후원자) 이름을 새겨 넣었다.
18) 예배당 건축의 60%는 현지 목회자의 요청에 따라, 그 외 40%는 현지 교단 요청으로 추진하였다.
19) 공사비가 부족하여 예배당 건축이 중단될 때, 나머지 부족분을 채워주었다
20) 한국교회의 지원 비율이 50%를 넘지 않도록 했다.
21) 극빈층에 건축하는 저비용 예배당(대나무 교회, 목조 교회)의 경우, 100% 전액을 지원하기도 한다.
22) 그러나 격주로 사진이나 재정 상황은 보고를 받는다.
23) 선교사는 교회 개척만 하고, 목회자 훈련과정을 통해 현지 목회자들을 돕고 있다.
24) 필요한 경우, 현지 목회자를 한두 번 돕기도 하지만, 정기적인 후원은 하지 않는다.
25) 목회자 재훈련은 6개월에 1회(혹은 1년 4~6회) 실시한다. 이를 통해 현지 목회자를 격려하고 정서적 후원을 한다.
26) "인도에서 목회자 양성하여 교회 개척하는 조범연-김희정 선교사," 『가스펠투데이』 (2021.10.07) http://www.gospeltoday.co.kr/news/articleView.html?idxno=9063

27) 대나무 교회의 경우, 한국교회가 200~250만 원을 지원해 주면, 66㎡(20평) 규모의 비교적 단순한 형태의 대나무 집 예배당을 세울 수 있다.

28) 한국교회의 도움으로 600만 원, 700만 원, 800만 원, 900만 원, 1,000만 원, 1,200만 원을 지원하였다. 한국교회 후원금에 현지 교인들이 100만 원, 200만 원 건축헌금을 더 보태어 훨씬 더 크고 아름다운 대나무 집 예배당을 짓기도 한다. 이런 방식으로 증축하여 지은 대나무 교회가 100여 개나 된다.

29) 1910년 에딘버러 세계선교사대회에서 인도 펀잡(Punjab) 지역의 미국 장로교 선교부는 1875년 설립 초기부터 자립원칙을 고수했지만, 지역 자체가 극빈층이어서 35년이 지나도 목회자 사례비도 감당하지 못하고 있다는 사례가 보고되었다. Brian Stanley, *The World Missionary Conference, Edinburgh 1910* (Grand Rapids, MI: William B. Eerdmans Publishing Company, 2009), 141-149.

제2장

몽골 교회 개척과 자립

- 도심지 교회 개척·예배당 건축·리더십 이양 -

허석구 선교사(타문화권/전문인 선교) 사례

"그런즉 너희가 먹든지 마시든지 무엇을 하든지
다 하나님의 영광을 위하여 하라"
(고린도전서 10:31)

1. 선교사역 소개

1990년 3월 26일 개방 이후 몽골은 한국과 대사급의 외교관계를 수립하였다. 이후 한국교회는 몽골의 교회 개척에 앞다투어 뛰어들기 시작하였다. 초기 교회들은 울란바타르 시(市) 외곽에 형성된 게르촌(몽골 이동식 전통 가옥인 원형 천막)에 세워졌으며, 이곳에는 시골에서 일자리를 찾아 도시로 온 가난한 사람들이 주로 거주하였다.[1)] PCK 선교사들은 교회 개척, 성경 번역, 대학교, 신학교, 선교병원, 출판사 설립 등 통전적 선교를 지향하여 왔다. 몽골은 세계 선교지 중에서 한국교회 주도형 선교지이며, 몽골에 세워진 대부분의 교회는 한국교회의 재정 지원을 받아서 건축되었다.[2)]

2004년 12월 12일 대한예수교장로회 통합 총회(PCK) 선교사 훈련을 받고 전문인 선교사로 파송 받은 허석구 선교사는 11년 동안 몽골에서 사역하였다. 허석구 선교사는 치과의사로, 부인 이영숙 선교사는 약사로 부산에서 개원하던 중, 하나님의 부르심을 받고 장로회신학대학교 신학대학원에 부부가 함께 입학하였다. 졸업 후에 선교사로 나가기로 작정한 부부는 방학마다 동남아 여러 나라를 방문하여 의료봉사를 하면서 선교지를 물색하던 중, 몽골을 선교지로 정하였으며, 후원교회인 부산 거성교회의 동의를 얻었다.[3)] 허 선교사는 신대원 졸업 후, 일 년 동안 의료선교사 훈련센터에서 선교 훈련을 받았으며, 부부는 총회 선교사 훈련을 받고 목사 안수를 받은 후 몽골로 파송되었다.

*** 허석구 선교사 프로필**

• 1976.02	서울대학교 치과대학
• 2003.02	장로회신학대학교 신학대학원(M.Div.)
• 2004.12.12~2015.06	총회 파송 몽골 선교사
• 2005.01.08	몽골 입국(연세친선병원 치과 과장)
• 2006.07.02	울란바타르 사택에서 베다니마을 교회 개척
• 2007.06	베다니마을 교회 헌당예배
• 2013.08	현지인 목회자에게 교회 리더십을 넘겨줌
• 2016.01~현재	서울 베다니마을 교회 개척하여 목회 중[4)] (몽골인 20여 명 예배 출석)

• 2017.06~현재　　　몽골 홈 미션센터 설립 운영(몽골인 무료쉼터)

2. 울란바타르 베다니마을 교회 개척과 예배당 건축

1) 몽골 연세친선병원과 전문인 선교

허석구 선교사는 전문인(의료)[5] 선교사로 2005년 1월 8일 몽골에 입국하여 울란바타르 시 한복판에 있는 몽골 연세친선병원[6] 치과 과장으로 부임했다. 그는 연세친선병원 직원들을 만나고 환자들을 치료하면서 친밀한 관계를 형성하는 한편, 이동 무료 치과 진료 차량을 이용한 치과 봉사와 무료 진료소 등을 통해 전도하면서 몽골어를 1년 6개월 동안 배웠다. 2006년 7월 2일, 13구역에 있는 선교사 사택에서 가족들이 모여 베다니마을교회를 개척하였다. 이처럼 그는 연세친선병원과 연결된 사람들을 중심으로 가정교회를 시작하였다.

허 선교사는 연세친선병원에 근무하면서 병원 직원들과 가족을 예배에 초대하였고, 병원의 한국어 교사로 자원하였으며, 한국어를 배우러 오는 외부 학생들과 병원 통역들에게 한국어 성경을 교재로 가르쳤다. 그리고 주일에는 선교사 집에서 모이던 예배에 초청하였다. 이웃 사람들, 아파트 경비, 무료 진료 시 만났던 대학생 등 많은 이들이 가정예배에 참석하기 시작하였다. 예배 후에는 함께 식사를 하며 풍성한 교제를 나누었다.

2) 연합(팀) 사역

교회는 조금씩 성장하기 시작하였으며, 그 후 김봉춘 선교사[7]가 인도하던 대학생 성경 공부 모임과 합하여 연합사역을 시작하였고, 허통 선교사[8], 손병운 선교사[9]도 함께 하는 연합목회를 하게 되었다. 이후 허석구 선교사가 예배당 건축 등 외부의 일을 전담하고, 청년부와 찬양팀, 어린이부 사역 등으로 분담하여 봉사하였다. 허 선교사는 몽골의 변두리 지역에서 1년 6개월 정도 사역(설교 목회)을 하면서, 교통과 접근성이 좋고 유동인구가 많은 도시 중심부에 교회를 개척할 필요성을 느꼈다. 다음 세대를 세우는 양육 목회는 젊은 사람들이 많이 모이는 도심지가 좋겠다고 생각했으며, 후원교회의 생각도 같았다. 그래서 몽골 수도인 울란바타르에 있는 선교사 사택에서 개척하였다. 이 때 모여든 20여 명의 성도 대부분은 가난한 학생들과 어려운 이웃 사람들이었기 때문에 개척 초기에 교회 재정의 대부분은 후원교회에 의존할 수밖에 없었다.

3. 도심 중앙부 교회 개척과 예배당 건축

1) 베다니마을 교회 상황

2006년 7월, 울란바타르 소재 허석구 선교사 사택에서 가족을 중심으로 예배를 드림으로써 교회를 시작하였다. 6개월 정도 지나자 교인들이 25명 정도로 늘어났으며, 사택에서 모이기가 힘들어졌기 때문에 성도들에게 예배당 이전을 위한 기도를 요청하였다. 변두리 지역에 교회 건물을 건축하기보다 비용이 많이 들더라도 도시 중앙에 예배 처소를 마련하기로 하였다. 몽골에서 건축은 부지 구입과 설계 건축 과정이 복잡하고, 도시 전체가 하나의 중앙난방 시스템을 사용하는 울란바타르에서는 난방 허가

받기가 쉽지 않다. 그리하여 기존 건물을 매입하여 예배당으로 개조하여 사용하기로 하였다.

영하 40도까지 내려가는 몽골의 매서운 겨울과 10월 초부터 3월 말까지 6개월이 넘는 긴 겨울을 지내기 위해서는 난방이 매우 중요하다. 몽골 수도 울란바타르는 전 세계에서 가장 추운 도시이다. 지표면이 얼었다 녹기를 반복하면서 쉽게 균열이 생기는 지리적 특성으로 인해 강추위에도 끄떡없는 건물을 지으려면 더 높은 건축비를 부담해야 한다. 한국보다 2배 이상의 두꺼운 완충재와 보온단열재를 사용해야 했기 때문에 크지 않은 규모로 지어도 1억 5천만 원에서 2억 원의 예산이 필요했다. 그런데 당시 교회에는 그만한 돈이 없었다.

수중에 돈은 없었지만, 직접 발품을 팔며 믿음으로 예배처소로 적당한 건물을 찾아보기 시작하였다. 매일 새벽기도회를 마치고 건물을 찾아보면서 기도하였다. 그러던 중 치과에 가끔씩 오는 고위경찰관이 자기 친구가 건물을 팔려 하는 데 관심이 있으면 가보자고 했다. 매물로 나온 건물은 어학원으로 사용되던 곳인데, 마당까지 포함하여 3억 원을 제시하였다.

2) 예배당 건축 과정

2006년 12월, 20여 명 되는 성도들이 먼저 예배당 구입을 위해 정성을 다해 건축헌금을 했으나, 지극히 적은 금액이 모였다. 허석구 선교사는 한국에 가서 후원교회와 몇몇 교회에 "선교지에 예배당을 지어 주세요. 성도들이 모일 곳이 없습니다."라고 호소하여, 약 1억 원의 건축헌금이 모여졌다. 때마침 건물주가 마당을 제외하고 건물만 1억 5,000만 원에 팔겠다고 제안해왔다. 그래서 급히 계약금을 지불하고 나머지 금액은 중도

금을 몇 번 나누어 지불하기로 합의하였다. 다음 해인 2007년 1월, 잔금을 다 치르지 못했지만, 주인의 양해를 얻어 예배당 입주 예배를 드렸다.

2007년 6월 말, 잔금 지불을 마치고 후원교회 담임목사를 초청하여 헌당예배를 드렸다. 몽골에서는 외국인이 땅을 살 수 없지만, 건물은 매입하여 등기할 수 있기에, 건물은 선교사 이름으로 등기하고 땅은 국가로부터 임대하였다. 베다니마을 교회 매입과정에서 현지인 성도들이 전체 1억 5천만 원 중에 적은 금액만을 헌금하였는데, 그 이유는 교회가 개척된 지 3~4개월 만에 급하게 교회 건물 매입을 추진했기에 성도들의 재정적인 능력이 매우 제한되어 있었기 때문이다. 또한 시간이 주어져도 현지 교인들의 힘으로 도시 중심부에 예배당 건물을 마련하는 일은 거의 불가능한 일이었기 때문에 한국교회의 도움으로 교회 건물 구입을 서두르게 되었다.

울란바타르 도심부에서는 자체 예배당을 갖고 있어야 교회가 정상 궤도에 올라 성장의 발판을 마련할 수 있다고 허석구 선교사는 판단하였다. 20여 명이 모이던 교회는 입당 예배 후에 성장하기 시작했는데, 특히 3인의 연합목회가 위력을 발휘하여 예배당 입당 5년 차인 2012년에는 교인수가 100여 명으로 증가하였으며 교회 재정도 많이 늘어났다. 그러나 몽골의 춥고 긴 겨울 난방비가 많이 들고 3명의 목회자 사례비를 감당할 수가 없어 한국 후원교회의 도움을 받게 되었다.

3) 네비우스 자립 원리와 울란바타르 예배당 건축

첫째, 혹독하고도 기나긴 겨울로 인해 몽골에 예배당을 건축하는 데는 공사비용이 많이 소요되며, 따라서 현지 교인들의 헌금만으로 예배당을 건축하기가 어렵다. 또한 몽골에서 자체 예배당 건물이 없어서 예배 처소를 자주 옮겨 다니는 동안에 많은 성도가 떨어져 나가고 목회에도 어려움을 겪고 있는 선교사들을 많이 보았다. 그리하여 허석구 선교사는 한국교회의 도움으로 교회 건물을 먼저 마련한 후에, 그 예배당을 현지 교인들로 채우는 것이 지혜로운 방안이라고 생각하게 되었다.

둘째, 교인들 스스로의 힘으로 도시 중앙부에 예배당을 건축하려면 당시 4~5억 원으로도 힘들었다. 그러므로 허석구 선교사는 도심지 교회 건축의 경우에는 유연한 자립선교 적용 혹은 자립에 대한 예외적인 인정이 필요하다고 주장한다. 또한 기온이 온화한 나라에서는 건축비용이 많이 들지 않지만, 혹독하고 오랜 겨울을 보내야 하는 지역에서는 건축비가 더 많이 든다. 따라서 선교지 자립선교 원칙은 교회 건물이 들어설 지역 상황, 즉 도시인가 시골 지역인가, 그리고 날씨가 얼마나 온화한 날씨인가, 추운 날씨인가 등의 여러 요소를 종합적으로 고려하여 적용하여야 한다.

셋째, 몽골의 시골 변두리 지역이 아닌 대도시 중심부에 교회 건물을 세우는 데는 상당한 공사비가 들어간다. 그리하여 허석구 선교사는 몽골 선교지에 한국교회 초기의 네비우스(John Nevius) 자립 원리를 처음부터 엄격하게 적용하는 것은 무리라고 생각하였다. 이처럼 울란바타르 도심부에 세워진 베다니마을 교회는 처음부터 100% 자립 건축을 목표로 세워지지 않았다.

넷째, 이러한 전략적 판단에 따라, 그는 교회 건물을 매입하고, 목회하면서 동시에 현지인 리더를 세우기 위해 많은 노력을 해왔다. 2006년 교회 개척 후 7년이 경과한 2013년, 현지 목회자에게 베다니마을 교회의 리더십을 완전히 이양하였다. 그 결과 교회가 놀라운 성장을 이룩했을 뿐 아니라 지금은 자립하는 공동체로 몽골교회의 중심교회로 자리 잡게 되었다.

4. 대도시 교회 개척, 예배당 건축, 리더십 이양

1) 예배당 건축 과정 10단계

선교사 사택에서 가정교회 형태로 출발하여 예배당 건축까지 베다니 마을 교회의 예배당 건축 과정을 정리하면 다음과 같다.

1단계: 선교사 가족을 중심으로 사택에서 교회 개척

2단계: 6개월 후, 교인이 25명으로 늘어 사택 모임 불가

3단계: 현지 교인들에게 예배당을 위해 기도할 것을 권면

4단계: 도심에 있는 건물을 예배당으로 매입하기로 결정

5단계: 새벽 기도회마다 교회 건물을 위해 기도

6단계: 기도하면서 믿음으로 교회 건물 물색 시작

7단계: 20여 명 교인이 힘을 다하여 건축헌금 시작

8단계: 건축 헌금 부족 시 한국교회 후원 연결

9단계: 현지교회와 한국교회의 건축헌금으로 계약

10단계: 후원교회 담임목사 초청하여 헌당예배 드림

2) 허석구 선교사의 대도시 중심부 교회 개척 및 예배당 건축 매뉴얼

1. 전략적 측면에서 대도시 중앙부에도 교회를 개척할 필요가 있다.
2. 현지 교인들도 힘을 다하여 교회 건축을 위해 헌금하도록 해야 한다.

3. 엄격하게 자립원칙을 고수하기보다 상황에 따라 유연성 있게 적용해야 한다.
4. 교회 개척 후 신실한 현지인 목회자를 발굴하고 후임 목회자로 세워야 한다.
5. 교회 개척, 예배당 건축, 현지인 이양까지를 선교의 주요 목표로 삼아야 한다.
6. 선교지에 도착할 때부터 선교사는 이양에 대한 계획을 갖고 있어야 한다.
7. 현지 목회자와 동역[10]하며 그의 성품, 소명, 사역 열매를 검증해야 한다.[11]
8. 개척한 현지교회가 자신들보다 더 시골 지역에 개척교회를 세우도록 격려해야 한다.[12]
9. 현지 목회자에게 이양하고 귀국한 후에도, 비거주 선교사로 현지교회를 도울 수 있다.
10. 귀국 후에도 선교사는 국내 거주 몽골인을 위한 다문화 선교사로 사역을 계속하고 있다.

5. 선교지 예배당 건축을 위한 제언

허석구 선교사는 지난 11년 동안의 몽골에서의 교회 개척과 예배당 건축 경험을 바탕으로 다음과 같은 실제적인 교회 개척 방안을 제시한다.

첫째, 전략적으로 대도시 도심지에도 교회를 개척할 필요가 있음을

인식하라. 도시교회 개척의 경우 공사비가 많이 든다. 몽골은 춥고 긴 겨울을 지내야 하므로 예배당 건축비가 엄청나게 많이 든다. 한국 선교사들은 도시 중심부보다는 시골이나 변두리 지역 혹은 도시 외곽의 가난한 지역에 교회를 개척하는 경향이 많다. 그러나 전략적 목적에서 도시 중심부에 예배당을 건축할 필요가 있다.

둘째, 건축비가 많이 드는 도심지 건축의 경우에는 외부 자금 지원을 받을 수 있다. 현지 교인들의 헌금만으로 대도시에서 교회를 건축하는 것은 불가능하다.[13] 특히 개척 초기에 교회 건물을 구입하려고 할 때는 한국교회의 지원을 받을 수밖에 없다. 한국 초기 선교역사에서도 네비우스의 자립원칙이 강조되었지만, 도심지 교회(예: 평양 장대현교회[14], 서울 새문안교회[15], 연동교회[16] 등) 건축의 경우에는 미국 선교부의 재정적 도움을 받았다. 즉, 상황에 따라 자립원칙이 융통성 있게 적용되었음을 알 수 있다.

셋째, 개척 초기에 외부의 도움을 받더라도, 재정 자립을 이룰 수 있도록 노력하라. 현지교회의 재정 자립도가 낮은 상황에서 한국의 후원이 중단되면, 현지 목회자에게 리더십을 이양하더라도 몇 년 안에 교회 문을 닫을 가능성이 크다. 도심지 교회 개척에 한국교회의 지원을 받을 수밖에 없다고 하더라도 이른 시일 안에 자립 비율을 높여가야 한다. 그렇지 않으면, 선교사 의존적 교회에서 벗어나기가 어렵다. 아무리 어려워도 현지 교인들에게 헌금을 가르쳐야 한다.

넷째, 먼저 현지 교인들이 힘을 다하여 예배당 건축헌금에 참여하도

록 하라. 교인들이 최대한 정성껏 드리도록 하고, 선교사는 부족한 부분을 채워주어야 한다. 베다니마을 교회의 경우에는 개척 초기에 예배당을 구입하는 바람에 신앙적으로 재정적으로 연약한 교인들이 건축헌금을 한 번밖에 하지 못했으며 그 액수도 미미했다. 그리하여 한국교회의 전적인 재정후원으로 예배당 건물을 매입할 수밖에 없었다.[17)]

다섯째, 지속 가능한 성장기반 구축을 위해 현지교회 리더십을 견고하게 세우라. 개척 초기에 도시에 교회 건물을 마련해야 했기에 베다니마을 교회는 건물 매입과 입당까지의 모든 일을 선교사 주도로 진행할 수밖에 없었다. 현지 목회자가 잘 세워져야 이양 후에도 지속 가능한 교회 성장이 가능하며, 재정 자립도를 높일 수 있다. 교회 성장은 자립정신으로 예배당을 마련한 경우가 더 빠를 수 있으나, 선교사와 후임 현지인 목회자의 역량에 더 많은 영향을 받는다.

여섯째, 예배당 건축 후에도 현지교회를 한시적으로 도울 필요가 있음을 인식하라. 몽골 대부분의 교회가 재정적으로 어려운 상황에 있으며, 베다니마을 교회처럼 예배당 구입 후에도, 유지하는데 많은 비용이 들어가기에 재정 지원이 필요하다. 그리하여 한국의 후원교회에 선교사 은퇴 후에도 6년간 후임 현지인 목회자의 생활비로 매달 70만 원 지원을 요청하였다.[18)] 한국교회의 후원비는 목회자 생활비로 사용하였으며, 난방비와 교회 운영비는 현지 교인들의 헌금으로 충당되었다.

일곱째, 초기부터 혹은 은퇴 수년 전부터 이양을 전제로 현지 목회자

와 동역하라. 2007년 예배당 매입 후, 선교사는 현지교회 담임목사로 8년 6개월을 사역하였다. 총회 헌법에 따라 65세가 되는 2015년 은퇴하기로 하고, 2013년 8월 현지인 목회자[19]에게 모든 권한을 위임하고 이양하였다. 이후 선교사는 후임 목회자와 2년 정도 협력 목회를 했으며, 2015년 12월 말 한국으로 귀국하였다.[20] 당시 100여 명 모이던 주일 예배 교인들은 현재 160여 명으로 늘어났으며, 최근 시골에 교회를 개척하고 한 달에 한 번 청년들과 그 교회를 방문하는 등 선교적 사명을 잘 감당해 가고 있다.[21]

여덟째, 교회 건물이 아니라 신실한 현지인 목회자를 세우는 일에 전심전력하라. 허석구 선교사는 8년 6개월의 사역기간 동안 1개의 교회를 설립했을 뿐이지만, 그 교회를 자립하는 교회[22], 선교를 재생산하는 교회로 키워 나갔다. 한국교회는 현지 지도자 양육을 등한시하고, 건물 세우기에 몰두하는 경우가 많다. 그리하여 교회 건물은 멋있게 세우지만, 예배당 건축 후에 재산권 분쟁 등 많은 문제가 발생하기도 한다.[23] 그러므로 현지 리더십 양육을 먼저 하거나, 아니면 예배당 건축과 현지인 리더 세우는 일을 동시에 추진해야 한다.[24]

아홉째, 교회 개척-예배당 건축-현지인 이양의 3단계 목표를 염두에 두고 사역하라.[25] 예배당 매입 후 허석구 선교사는 현지교회 담임목사로 8년 6개월 사역하다가 현지인 목회자에게 이양하였으며, 그 후 6년이 지났다. 도심지역에 베다니마을 교회의 예배당을 구입할 때 한국교회의 전적인 재정 지원으로 예배 처소를 마련했지만, 지금은 선교사가 개척한 교회가 새로 세워진 현지인 리더십 아래에서 자립하는 모델교회가 되었다.

열째, 이양 후에 선교지를 떠나더라도 비거주 선교사로 현지교회를 도우라. 허석구 선교사는 이양 단계에 이르기까지 현지 사역을 성공적으로 마무리하였다. 중요한 점은 이양 후에 어려움을 겪는 현지교회들이 많다는 것이다. 그러므로 현지를 떠나도 비거주 선교사로서 현지교회가 건강하게 잘 성장해 나가도록 지속적인 관심과 격려와 영적 권면을 필요로 할 때가 많다.[26] 허석구 선교사는 귀국한 후에도 5년간 현지인 목회자를 뒤에서 돕는 역할을 하여 이제는 현지인 교회가 경제적으로 자립하고 몽골교회에 하나의 모델교회로 자리 잡아 가고 있다.

6. 허석구 선교사 사역 평가

허석구 선교사는 치과의사와 장로에서 (부인 이영숙 선교사도 약사와 권사에서) 목사와 선교사가 된 특이한 이력의 소유자이다. 국내의 안락한 삶을 내려놓고 "고향과 친척과 아버지의 집을 떠나"(창 12:1) 하나님이 지시하시는 땅 몽골로 나갔다. 허석구 선교사 부부는 55세의 늦은 나이에 파송되어왔지만, 몽골어 공부에 열중하였고, 몇 달 후에는 통역 없이 사역을 할 수 있었다. 2005년 12월, 11년간의 몽골 사역을 마치고 현지인 투글두르 목사에게 자신이 개척한 베다니마을 교회를 이양하고 귀국하였다. 귀국한 후에도 한국 거주 몽골인들을 위한 가정교회 목회자로 사역하고 있다.[27]

몽골의 베다니마을 교회는 허석구 선교사, 김봉춘 선교사 그리고 허통 선교사가 개척 초기부터 협력 선교를 통해 시작되었다. 이러한 동역 선교의 결과, 자립하는 교회가 되었으며 몽골 교계에 선한 영향력을 끼치는 몇 안 되는 건실한 교회로 성장하였다.[28] 허석구 선교사는 동역하던 현지인 목사에게 교회 리더십을 성공적으로 이양하였는데, 이는 사역을 시작하면서부터 출구전략, 즉 선교지 이양을 염두에 두고 준비를 해왔기 때문이다. 그는 성공적인 이양을 위해서는 현지 목회자를 양성하는 신학교육이 중요함을 강조하며, 이양 (그리고 선교사 은퇴) 후에도 현지 목회자와 좋은 관계를 이어오고 있다.

한국 초기 예배당 건축역사를 보면, 대부분의 교회가 한국교인들의 헌금으로 세워졌으나, 대도시 중심부의 대형교회 건축의 경우에는 예외적으로 미국교회의 재정적 도움을 받아 세워진 경우들이 있었다.[29] 허석구 선교사의 예배당 건축 사례는 한국교회가 현지 예배당 건축을 전액 지원한다고 하더라도, 현지인 리더십이 견고하게 세워진다면, 개척된 현지교회가 재정적, 영적으로 스스로 힘으로 성장하고 자립해 나갈 수 있음을 보여주는 흥미로운 사례이다.

도심지에 자립교회를 개척하고, 재정적 자립이 가능한 교회로까지 성장시키는 것은 결코 쉬운 일이 아니다. 신실한 현지인 리더십이 세워지지 못하면, 외부의 재정 지원이 '밑 빠진 독에 물 붓는 식'의 원조가 될 수도 있다.[30] 한국교회의 지원을 받아 교회 건물을 잘 지어 주는 것보다 현지 교인들 스스로 건축헌금을 드리거나 몸으로 봉사(헌신)하도록 가르치는 것이 중요하다고 허석구 선교사는 조언한다. 베다니마을 교회는 한국교회의 전적인(99%) 지원으로 건축되었지만, 현지인 목회자에게 모든 권한이 이양된 후에도 수적으로 성장했을 뿐 아니라 재정적으로도 자립하는 모범적인 교회(살전 1:7)가 되었다. 이는 선교사가 교회 건물 구입과 함께 처음부터 자립과 이양을 염두에 두고 사역을 해왔기 때문이다.

종합하면, 한국 선교사들이 개척한 대부분의 교회가 시골에 세워져 있음에 비해, 베다니마을 교회는 한국교회의 지원으로 도시 중앙에 세워졌고 자립교회로 성장하였기 때문에 주목할만한 사례이다. 즉 외부 자금(지원)으로 예배당이 세워지더라도, 도심부에 위치하며 자립 의지가 있는 교회라면 현지교회도 자립하며 성장할 수 있다는 모델을 보여주고 있다.

1) 김봉춘, 『한국 기독교의 몽골 선교: 1990년 이후 한국 기독교의 몽골 선교』 (서울: 도서출판 케노시스, 2016), 12. 몽골의 대도시 주변에는 게르촌이 형성되어 있다.

2) 박인옥, 『몽골 개방 이후 PCK(예장 통합) 한국선교사들의 몽골선교 이야기』 (서울: 도서출판 케노시스, 2020), 273.

3) 전문직에 있으면서도 허석구 장로는 신학 공부를 하고 싶어 했고, 이영숙 권사는 선교사가 꿈이었다. 부부는 선교사 한 분을 전적으로 후원하던 중에 "선교사로 주의 일을 하자"는 남편의 제안에 화답하여 신학의 길로 들어섰다. "먹든지 마시든지 무엇을 하든 하나님 영광을 위해: 의사에서 선교사로, 다시 가정교회 목회자로 인생 3막 연 허석구 · 이영숙 목사 부부," 『한국기독공보』 2016년 6월 21일. https://m.pckworld.com/article.php?aid=7133526617&msclkid=871addcac1f511eca6db28e7c2be082a

4) 허석구 · 이영숙 목사는 몽골 선교사직을 은퇴했지만, 복음을 전하는 일까지 중단한 것은 아니다. 서울 집에 가정교회를 개척하고 한국에 나와 있는 몽골인들을 돌보는 사역을 시작했기 때문이다.

5) 허석구 선교사는 공식적으로는 타문화권 선교사로 파송되었다.

6) 1994년 7월 연세의료원과 몽골 보건부가 공동으로 설립한 선교병원이다.

7) 건국대학교 영어영문학과 졸업 후, 1992년 한국국제협력단(KOICA) volunteer로 몽골 국립인문대학교에 한국어학과를 개설하고 3년간 가르쳤다. 2001년 장신대 신대원을 마친 후, PCK 선교사로 몽골 베다니마을 교회 등 여러 교회를 개척하고 몽골 연합신학교에서 선교학을 가르쳤다. 아세아연합신학대학교 대학원 석사(Th.M.)를 거쳐 장신대 목회전문대학원에서 박사학위를 받았다.

8) 계명대학교 의과대학을 졸업한 의사(산부인과 전문의)로서, 장신대 신대원과 대학원(Th.M./선교신학)을 졸업했다. 몽골 선교병원, 캄보디아 선교병원을 거쳐 2019년 후반부터 중앙아시아 카자흐스탄 알마티로 사역지를 옮겨 동산알마티 병원 책임자로 섬기고 있다.

9) 장신대 신대원과 대학원(교회음악 합창 지휘)을 졸업하였다. 몽골찬송가공회 대표로 섬기며 2004년 몽골 연합신학교 사역을 시작한 이후, 2016년 11월 몽골 찬송가 발행을 주도하였다. 한국교회는 몽골교회에 성경(전 몽골 선교사 안교성(장신대 교수)의 주도적 역할)뿐 아니라 찬송가도 제공해주었다. "함께 이룬 몽골찬송가 결실에 감사," 『한국기독공보』 (2016년 10월 24일). http://www.pckworld.com/article.php?aid=7229432365

10) 허석구 선교사는 현지인을 동역자로 대하지 않고, 사역 도우미(helper)로만 간주하는 선교사는 온전한 동역과 이양이 불가능하다고 생각한다.

11) 몽골 김종진 선교사는 최소한 1년의 인턴과정을 제안하며, 이러한 검증 없이 임명된 현지인 지도자들은 교회에 많은 문제를 일으키고, 결국은 선교사에게도 어려움을 초래한다고 한다. 김종진, 『선교현장 교회의 개척과 자립: 몽골 교회 개척 현장에서 자립 선교를 지향하며』 (서울: 도서출판 케노시스, 2019), 117.

12) 후임 현지 목회자가 시골 지역 교회 개척에 대한 열망을 갖고 있었다. 부족한 재정은 한국교회의 도움을 받았으며, 계속해서 그는 시골교회 개척 사역을 추진하고 있다.

13) 베다니마을 교회의 경우, 건축예산은 너무 많이 들고 성도들의 재정 능력도 약했고, 개척한지 3~4개월 만에 예배당을 준비해야 하는 상황에서 한국교회의 거의 전적인 재정후원(99%)으로 예배당 건물을 매입하게 되었다.

14) Samuel A. Moffett to F. F. Ellinwood, February 6, 1900; 옥성득 책임 편역, 『마포삼열 자료집』 II (서울: 새물결플러스, 2017), 523-524.

15) H. G. Underwood, "Object Lessons of Self-Supporting," *Report of the Ecumenical Conference on Foreign Missions, Held in Carnegie Hall and Neighboring Churches, April 21 to May 1,* Vol. II (New York: American Tract Society, 1900), 304; "언더우드가 미국 북장로교 선교부 총무에게 보낸 선교편지(1899년 7월 11일)," 이만열 · 옥성득 편역, 『언더우드 자료집』 II (서울: 연세대학교 출판부, 2006), 91. 1910년 헌당한 새문안교회 3번째 예배당은 1,200명 규모로 지어졌는데, 교인들이 건축헌금을 작정하고 3년 동안 드렸다(Horace G. Underwood to A. J. Brown, Seoul, January 6, 1910).

16) Harry A. Rhodes, *History of the Korean Mission: Presbyterian Church U.S.A., 1884-1934* (Seoul: YMCA Press, 1934), 399. 연동교회 담임목사 게일(J. S. Gale, 1863-1937)은 남자 교인들은 금식하며 식사비용을 모아서 기부하였고, 여성 교인들은 아끼던 금가락지뿐 아니라 금비녀, 은비녀, 옥비녀를 팔아 건축헌금으로 바쳤다고 증언한다.

17) 현지인의 물질적 참여 없이 한국교회의 전적인 후원으로 세워진 교회는 영적으로 약할 수밖에 없다. "네 물질 있는 곳에 네 마음도 있느니라."(마 6:21)라는 예수님 말씀처럼 물질이 들어가야 마음도 들어가게 된다.

18) 교회 건물을 현지인 이름으로 등기하는 한편, 선교사는 자신의 소유인 사택 아파트를 교회에 기증하고 거기에서 나오는 월세를 교회 재정수입에 보태도록 했다. 한국 후원교회에 "여러분이 파송한 선교사에 의해 탄생된 현지교회가 9살인데 그냥 방치하면 성장하지 못합니다. 계속 후원을 부탁드립니다."라며 선교사 은퇴 후 6년 동안 베다니마을 교회 지원을 요청하였으며, 당회는 이를 승인해 주었다. 선교지 자립이 중요하나 현지교회의 상황에 따라 어린아이의 양육처럼 세심한 배려가 요구된다.

19) 현지인 목회자는 2009년 10월부터 베다니마을 교회의 청년부 지도 목사로 봉사하고 있었다. 이처럼 선교사와 함께 교회를 섬기고, 주일 설교나 교회 행정도 함께 하며, 목회자로서의 소명과 사역 열매를 확인하고 검증된 현지인 목회자를 세우는 것이 매우 중요하다.

20) "먹든지 마시든지 무엇을 하든 하나님 영광을 위해: 의사에서 선교사로, 다시 가정교회 목회자로 인생 3막 연 허석구 · 이영숙 목사 부부," 『한국기독공보』 2016년 6월 21일. http://www.pckworld.com/article.php?aid=7133526617

21) 최근에 교회 리모델링 공사를 마치고, 주일 2부 예배를 신설하였다.

22) 재정 자립은 목회자 사례비, 관리인 월급, 교회 운영비(경상비)를 감당할 수 있는 것을 말한다.

23) 필리핀, 몽골, 인도 등 거의 모든 선교지에 선교사 귀국 후에 버려지거나 방치된 교회 건물이 생겨난 경우도 있다.

24) 현지인 목사는 몽골 연합신학교(UBTC) 석사과정에 편입하여 공부를 계속하였고, 목회실천 교수로 있으면서 성경 중심의 건전한 교회로 발전시키고 있다. 협력하는 다른 현지인 목회자들도(목사 2인, 전도사 1인) 모두 신실하다. 아쉬운 점은 2명의 청년이 신학교를 졸업하거나 다니던 중에, 집안의 핍박으로 교회사역을 계속하지 못하고 그만둔 일이다. 몽골 청년들이 자기를 희생하고 목회에 전념할 수 있는 환경이 지금까지 조성되지 못하고 있다. 중도 탈락의 원인은 라마 불교 신자가 많은 가정의 반대와 핍박을 극복하지 못하는 것과 신학교 졸업생들에게 교회가 재정적인 뒷받침을 충분히 해 줄 수 없기에 시간제로 일하며, 돈을 벌다가 교회 사역을 그만두는 경우가 많았다.

25) 선교사는 선교지에 들어갈 때부터 교회 이양에 관한 생각을 하고 들어가야 한다. 허석구 선교사

는 선교지를 떠나기 6년 전부터 이양을 준비했으며, 귀국하기 2년 전에 현지 목회자에게 교회 리더십을 넘겨주고 뒤에서 그를 도왔으며, 귀국 후에도 5년 동안 그를 도왔다. 현재 현지교회는 자립교회로 든든히 서가고 있다.

26) 이승훈, 『몽골 한인선교 30주년 기념 논문 1: 몽골 상황에 적합한 토착적 자립교회 설립을 위한 선교방안』 (울란바타르: ШИНЭПРЕСС, 2021), 51.

27) 가정에서 교회를 개척하는 것은 경제적 혹은 인간적인 교제 면이나, 영적인 면에서 장점이 많다.

28) 김봉춘, "혼자보다 여럿이 '하나'를 잘하는 선교," 『한국기독공보』 (2018년 3월 20일) http://www.pckworld.com/article.php?aid=7638367316

29) 변창욱, 『한국교회선교운동사』 (서울: 장로회신학대학교 출판부, 2018), 제5장 "한국교회 자립선교 전통과 비자립적 선교행태," 136-139.

30) KOICA에서도 이러한 원조를 하지 않는다. 즉, 한시적 지원을 통해 현지인들이 스스로 설 수 있는 기반을 마련할 수 있는 지속 가능한 지원을 강조한다. KOICA ODA교육원, 『국제개발협력: 입문편』 (성남: i-Scream Media, 2021)을 참조하라.

제3장

몽골 자립교회 설립

- 대도시 교회 개척·예배당 건축·리더십 이양 -

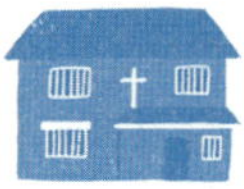

정광윤 선교사(타문화권 선교) 사례

"네 장막터를 넓히며 네 처소의 휘장을 아끼지 말고 널리 펴되 너의 줄을 길게 하며 너의 말뚝을 견고히 할지어다"

(이사야 54:2)

1. 선교사역 소개

정광윤 선교사는 2005년 몽골 수도 울란바타르[1]에 함팅토야(Khamtin tuya) 교회를 개척하였다. 한국 선교사들이 개척한 대부분의 교회가 시골이나 변두리에 세워진 데 비해, 함팅토야 교회는 수도이자 대도시인 울란바타르 중심부에 설립되었다. 다음으로 주목할 점은 예배당 건축비용 전액을 현지 교인들이 드린 헌금으로 건축하였으며, 이는 몽골교회 역사상 최초의 자립 건축 사건으로 평가되고 있다.[2] 이후 교회는 현지인 중심의 자립하는 교회로 건강하게 성장하고 있다.

2016년 정광윤[3] 선교사는 사역 초기부터 통역으로 도와주던 현지인을 양육하여 신학교육을 받게 한 후 목회자로 키워냈다. 2018년에는 그를 함팅토야 교회의 담임목사로 세워 교회 리더십을 완전히 넘겨주었다. 그 후 교회는 현지인 목회자 리더십 밑에서 네팔에서 사역하고 있던 한국인 선교사와 러시아 및 중국에 거주하는 몽골인들에게 선교하는 몽골인 선교사를 후원하기 시작했으며, 울란바타르 변두리 지역에 개척한 델힝하우스 교회에 전도사와 봉사 인력(아동부 교사)을 파송했으며, 재정적인 지원도 해주었다.[4]

*** 정광윤 선교사 프로필**

- 1985.02　장로회신학대학교 기독교교육과
- 1988.02　장로회신학대학교 신학대학원(M.Div.)
- 1985~1989　서울 갈릴리교회 개척
- 1990~1993　서울 홍연교회 담임목사
- 1994~2003　경기도 일신교회 담임목사
- 2004~2008.04　현지인 평신도 잉케 만남[5]
- 2005.11.13~현재　총회 파송 몽골 선교사
- 2008.05　몽골 목회자훈련원(원장 정광윤)[6] 개원
- 2009.07　단독주택 건물 구입 후 교회당 이전 (바이양골 교회를 함팅토야 교회로 개명)
- 2011.05.14　잉케 전도사 목사 안수/몽골 복음주의협의회(MAE) 주관

- 2014.11 함팅토야 교회 최초로 해외선교 후원[7]
- 2015.08 함팅토야 교회가 개척한 델힝하우스 교회 지원 (반즐락크치 전도사 파송, 건축 노동인력 제공)
- 2016.05.08 함팅토야 교회 기공 예배
- 2016.08.16 함팅토야 교회 헌당예배
- 2018년 말 현지인 잉케 목사[8]에게 교회 리더십 이양

2. 울란바타르 함팅토야 교회 개척과 예배당 건축

1) 한국어 교실로 시작한 사역

2004년 몽골 대학교수로 사역하고 있던 신학교 동기 목사로부터 대학생 선교를 함께 하자는 제안을 받은 정광윤 목사는 그해 11월 27일 총회 파송 선교사가 아닌 개인 신분으로 몽골에 입국하였다. 정 선교사는 초기 정착 과정에서 보증금 없이 월세(100달러)로 계약을 해 주었던 현지 주인을 만난 것이 복이고 은혜였으며 하나님의 섭리였다고 고백한다.[9] 집주인의 여동생들을 통해 한국말을 배우려는 몽골 학생이 늘어나면서 울란바타르 선교사 아파트에서 한국어 교실[10]이 시작되었으며, 석 달 만에 수강생이 30명을 넘으면서 이들을 대상으로 성경 공부를 시작하였고 이후 주일 예배로 발전하였다.

이처럼 함팅토야 교회(바이양골 교회 전신)[11]는 한국어를 배우려는 학생들을 중심으로 성경 공부 모임을 거쳐 주일 예배로 발전하게 되었다. 2005년 2월 말, 서울의 한 교회 목사님과 선교부장 장로님이 몽골을 방문하여

아파트를 구입해 주었으며, 이즈음에 현지인인 몽골 나담대학교 법학과 교수(변호사) 잉케를 만나게 되었다.

2) 함팅토야 교회 개척

2005년 3월 27일 몽골 도착 후 처음으로 부활절 예배를 27명의 현지 교인들과 함께 드렸다. 5월 12일 선교지 탐방 및 수련회를 위해 울란바타르를 방문한 서울 서노회 소속 목사, 장로 몇 분이 정광윤 선교사 아파트에서 모인 수요기도회에 참석하여 함께 예배를 드렸다.[12] 2009년 7월 정광윤 선교사를 파송하고, 한국의 후원교회들이 보내준 헌금(6천50만 투그릭, 한화 6천만 원)으로 구입한 2층 가정집을 리모델링한 후, 예배당으로 사용하였다.[13] 이후 교회 이름을 바이양골에서 함팅토야('함께하는 빛')로 바꾸었다. 교회가 자체 건물을 갖게 되면서, 출석 교인이 늘어나기 시작하였다. 2011년 5월, 현지인 사역자로 잉케를 안수하여 함팅토야 교회 목사로 임직한 이후 그를 주일 설교와 성례식 집례에 참여시키면서 목회 훈련을 시작하였다.

2011년 9월부터 함팅토야 교회가 개척한 델힝다우스 교회(2006년부터 함팅토야 교회 알탕수흐 전도사를 목회자로 파송)에 매달 5만 원씩 지원하였다. 2011년 개척 후 6년 차인 함팅토야 교회는 세례교인 180명, 주일 예배 평균 출석 200명(재적: 성인 180명, 아동 · 청소년부 70명~100명) 규모로 성장하였다. 2011년 10월~2012년 5월 정광윤 선교사 부부가 안식년으로 한국으로 귀국해 있는 동안 잉케 목사는 함팅토야 교회를 혼자서 목양하는 담임목회자로서의 경험을 하게 되었다.

2012년 4월 잉케 목사는 함팅토야 교회 운영위원들과 상의한 후, 교인들이 헌금을 하게 하여 1달 동안 예배당 2층 리모델링 공사(선교사 사무실 공사와 가구, 소파, 사무용 컴퓨터, 인터넷 설치 등 총 400만 원 소요)를 마쳤으며 4월부터는 잉케 목사 주관으로 새벽기도회를 시작하였다. 2012년 5월 안식년을 마치고 선교사가 몽골로 귀환한 후에도, 출석 교인들이 점점 늘어나며 2013년부터 교회 재정이 풍성하게 되었다. 그때부터 선교사는 재정 자립은 선교하는 교회로 성장하라는 하나님의 뜻이라는 점을 잉케 목사에게 강조하였다. 그리하여 2014년 11월부터 몽골 선교사로 사역하다 은퇴 후 인도와 네팔에서 사역하는 한국 선교사 한 분과 러시아와 중국에 거주하는 몽골 브리야트 족(Buryat-Mongol)을 선교하고 있는 몽골 선교사를 매월 10만 원씩 후원하기 시작하였다. 교회는 점점 부흥하였는데, 1층 예배실이 83㎡(25평)밖에 되지 않아 80명도 수용하기가 어려워 주일 예배를 3부로 나누어 드렸으나, 성탄절이나 부활절 같은 전교인 연합모임은 할 수가 없어 후레대학교(Huree University) 강당을 빌려 사용하기도 하였다.

그 후 예배당을 건축할 때가 되었다는 생각이 들어서, 건축 전 3년 동안 1억 투그릭(한화 6천만 원)을 교회 건축비로 적립하였다. 건축비 지원을 약속했던 한국교회가 후원을 못 하게 되면서, 현지 교인들에게 예배당 건축을 위해 헌금하도록 권면하였다.

3. 대도시 자립교회 개척과 예배당 건축

1) 함팅토야 교회의 지역 상황

함팅토야 교회는 울란바타르시 4구역의 도시 중심부에 인접한 도로변

언덕에 위치하며 상하수도와 난방 지원이 안 되어 자가 시설을 통해 가동하고 있다. 울란바타르는 정치, 교육, 경제, 문화의 중심지이다. 도시 유입인구가 급격히 팽창하여 전체 인구의 45%가 거주하며 평균 연령이 20대 중 · 후반일 정도로 젊다. 교인들은 공무원, 교수, 의사, 교사, 광산 사업자, 상인, 노동자, 구제대상 서민층 등 다양한 직업을 갖고 있으며, 중산층으로부터 가난한 달동네 서민에 이르기까지 다양한 계층으로 이루어져 있다.

아파트 교회 시절에는 호기심이나 경제적인 도움을 받으려는 몽골인들이 많이 출석했으나, 이전 후에 정기 집회(주일 예배, 매일 기도회)와 심방, 전도, 성경 공부, 부흥회, 헌금 생활을 하며 교인들의 믿음이 분명해지기 시작했다. 특별히 3개월에 한 번씩 새신자들을 위해 열리는 2박 3일의 부흥회('엔카운터')를 통해 명목상 그리스도인이 아니라, 우상숭배와 미신에서 벗어나 회개와 거듭나는 역사와 치유, 회복 등 강력한 성령의 역사가 나타났다. 교회 내에 말씀과 기도 그리고 전도운동이 일어나고, 헌신하는 교인이 급격히 늘어나기 시작하였다. 모든 교인이 믿음으로 충만해졌으며, 건축하던 2016년에는 영적인 열기가 아주 뜨거웠다.[14)]

하나님이 교인들 마음을 감동케 하셨기 때문에 교인들 모두가 교회를 사랑하는 마음으로 자원해서 건축헌금에 참여하였다. 3개월의 건축 기간은 선교사와 현지인 목사 그리고 온 교우들에게 기도하며 순종하고 봉사하는 기쁘고 즐거운 시간이었다. 현지 목회자와 교인들 마음에 자립 의식과 건축할 수 있다는 자신감이 생겨나 재정 자립을 가능하게 했다. 함팅토야 교회는 스스로 예배당을 건축할 뿐만 아니라 주변의 미자립교회를 도우며, 선교지에서 자립교회의 새로운 이정표를 세웠다.

2) 예배당 건축 과정

2016년 5월 8일 함팅토야 교회의 예배당 건축 기공식 예배를 드렸다. 190여 명의 교인이 건축헌금에 참여했으며, 두 가정은 자신의 집[15)]을 헌납하였으며, 그 외 붉은 벽돌 6만 장, 레미콘 시멘트 비용, 예배당 창문 공사 등을 헌물하고 공사를 맡아 봉사한 교인도 있었다. 한국의 몇몇 후원 교회들은 음향 및 주방용품, 예배당 장의자, 강대상과 교회 담장과 축대 쌓는 비용을 도와주었다. 2016년 8월 함팅토야 교회 교인들은 자력으로 예배당을 완공하여 봉헌하였다.

은혜 가운데 건축을 마친 후, 2018년 말 현지인 잉케 목사를 함팅토야 교회 담임목사로 임명하고 교인들 앞에서 리더십을 이양하였으며, 잉케 목사는 목회 사명을 잘 감당하며 성도들을 돌보고 살피며 건강하게 교회를 섬기고 있다. 특히 정광윤 선교사가 2019년 10월 말 종교 비자 취득을 위해 한국에 나가 있는 동안, 몽골은 IMF 긴급자금 지원과 코로나 팬데믹으로 어려운 경제 상황이었다. 그러나 재정적인 자립을 계속 유지하며 나라와 교회와 가정을 위해 밤마다 2~3시간씩 전교인이 참여하는 40일 저녁 특별기도회를 개최하기도 하였다.[16)]

교인들과 잉케 목사도 코로나에 감염되는 상황에서도 몽골 목회자훈련원 시역과 함팅토야 교회 담임 목회자의 사명을 잘 감당하였으며, 대면 주일 예배와 ZOOM과 Facebook 라이브 예배를 겸용하며 유튜브 방송을 통해 한국, 미국, 호주 등 여러 나라에 흩어져 있는 몽골 함팅토야 교인들에게 말씀을 전파하고 있다. 현재 코로나 거리두기로 인해 백신 2회 접종한 100여 명의 교인은 대면 주일 예배에 참석하고 있으며, 나머지 교인들은 Facebook이나 ZOOM으로 비대면 주일 예배를 드리고 있다.

※ 함팅토야 교회의 자립건축과 리더십 이양의 성공 요인

정광윤 선교사는 자립교회를 세울 수 있었던 가장 중요한 원인은 자신의 능력 때문이 아니라 전적인 하나님의 은혜였으며, 그 외 다음과 같은 요인이 있었다고 평가한다.

첫째, 언어의 은사가 있는 예비된 현지인 통역자를 만났다. 잉케 목사는 지금 같이 헌신된 목회자로 성장하리라고 생각지 못할 정도로 초기에는 평범한 교인이었다. 그러나 하나님의 부르심에 순종하여 사역자의 길을 따라가며 변화되어 갔다.

둘째, 하나님께서 예배당 건축을 위한 완벽한 때를 예비해 주셨다.[17] 한국교회의 건축 지원이 무산되었을 때, 현지 교인들은 영적인 은혜가 초대교회처럼 풍성하였고, 교인들은 무엇이든지 열심히 하고자 하는 마음으로 충만했다.

셋째, 신앙 좋은 몽골인 건축업자를 만난 것도 복이었다. 건축 이전부터 좋은 관계를 유지하며, 전적인 신뢰가 형성되어 있었기에, 그는 몽골 교인들의 헌금으로 예배당이 건축되는 것임을 알고 건축비용의 30%를 할인하여 주었다.

넷째, 예배당 건축 후 후유증이 전혀 없었다. 흥미로운 점은 몽골 교인들이 모두 한마음으로 건축헌금에 동참하였으며, 교회 경상비가 예배당 건축 3년 전부터 풍성하게 증가하였기에 가능하였다.

다섯째, 리더십을 이양받은 현지인 잉케 목사와 교인들은 코로나 확산으로 어려운 때임에도 주인의식을 가지고 교회 재정을 잘 관리해 나갔으며, 선교사가 담임하던 때보다 헌금(십일조, 감사헌금 등)이 더 증가하였다.[18]

4. 도시 교회 개척, 예배당 건축, 리더십 이양

1) 예배당 건축 과정 10단계

선교사 아파트의 가정교회에서 출발하여 예배당 건물을 건축하기까지 (2009년 7월~2016년 8월) 함팅토야 교회의 예배당 건축 과정을 정리하면 다음과 같다.

1단계: 선교사 아파트에서 교회 개척 시작(2005년)

2단계: 한국교회 후원으로 2층 가옥 구입(2009년)

3단계: 교회 건물 구입 후 출석 교인 증가

4단계: 선교사 안식년 동안 현지 목회자에게 목회 위임
(2011년 10월~2012년 5월)

5단계: 개척 7년 만에 현지교회 재정 자립 달성(2012년)

6단계: 선교사 지도하에 현지인 잉케 목사와 협동 목회
(교회 성장: 3부 예배, 재정 자립)

7단계: 전 교인들이 3년간 1억이 넘는 건축기금 모금

8단계: 성전건축을 위한 특별기도회 개최

9단계: 건축 작정 헌금 결의(190여 명 교인 참여)

10단계: 한국교회와 현지 교인들 헌당예배 드림

2) 정광윤 선교사의 대도시 중심부 교회 개척 및 예배당 건축 매뉴얼

1. 교회 개척과 예배당 건축은 별개의 것이 아니라 동전의 양면, 즉 하나이다.

2. 대도시에서의 예배당 건축은 선교사의 확신에 따라 자립할 가능성이 크다.[19)]

3. 현지 교인들이 건축 후에도 관리유지를 할 수 있는 규모의 예배당을 건축하라.

4. 초기부터 현지인 목회자와 교인들에게 자립지향적인 교회를 강조하여야 한다.[20)]

5. 현지 목회자에게 리더십을 이양한 후에도 교회가 견고하게 세워지도록 도와야 한다.[21)]

6. 가능하면 현지 교인들 모두가 예배당 건축을 위한 작정 헌금에 참여하게 하라.

7. 한국교회의 100% 지원으로 세워진 교회는 교회 성장이 잘 안 되는 경우가 많다.[22)]

8. 현지 목회자가 준비되었을 때 이양해야 하며, 그 전에 넘기면 문제가 발생할 수 있다.[23)]

9. 선교사는 교회 리더십을 이양한 후, 다른 곳에 가서 개척을 새로 시작할 수 있다.

10. 이양 후 비거주 선교사로 1년에 한 번 방문하거나, 전화나 Zoom으로 관계를 유지할 수 있다.[24)]

5. 선교지 예배당 건축을 위한 제언

정광윤 선교사는 지난 17년 동안의 몽골에서의 교회 개척과 예배당 건축 경험을 바탕으로 다음과 같은 교회 개척 방안을 제시한다.

첫째, 선교사는 '처음부터' 자립선교를 강조해야 하며 재정 자립을 지향해야 한다. 선교지에서 교회 건물을 지을 때 현지 교인들이 건축비 일부를 감당할 때도 있지만, 대부분은 한국교회의 후원을 통해 건축한다. 현지인들이 가난하여서 헌금하지 않는 이유도 있지만, 더 중요한 것은 선교사가 헌금에 대해 가르치지 않았기 때문이다. 그 결과, 현지인들은 한국교회 헌금으로 예배당을 짓는 것을 당연하게 여긴다. 그러므로 선교사는 헌금 훈련과 헌금의 정확한 의미를 가르칠 필요가 있다.

둘째, 현지 교인들에게 궁극적으로 자립교회가 되어야 한다는 사실을 분명히 가르치라. 함팅토야 교회는 몽골 수도 울란바타르 대도시에 개척되었기 때문에 자립선교 가능성이 큰 경우이다.[25] 그럼에도 불구하고, 선교사는 교인들에게 자립에 대해 계속적으로 가르쳐야 한다. 몽골 경제가 부흥하고 발전하면서 한국교회의 재정후원이 줄어들고 언젠가는 중단될 수밖에 없다는 사실을 현지인들에게 인식시켜야 한다. 이처럼 선교사는 교인들의 자립 의지를 강화시키고 지속 가능한 자립 운영이 이루어질 수 있도록 해야 한다.[26]

셋째, 현지 교인들이 주도적인 역할을 담당하도록 선교사는 물러설

줄을 알아야 한다. 선교사가 모든 것을 다 해서는 안 되며, 현지인들이 주역이 되어 사역을 감당하도록 세우는 것이 최선의 선교이다. 교회 건축도 현지 상황을 잘 아는 현지인에게 맡겨야 한다. 예배당 건축 과정에 시험에 들 일이 많으므로, 선교사가 건축자재를 구입하러 다니는 일은 득보다 실이 클 때가 많다. 그러므로 신뢰할 수 있는 현지 건축전문가에게 맡기는 것이 바람직하며, 예상치 못한 문제를 예방하는 방법이다.

넷째, 현지 교인 중에 선교사보다 더 훌륭한 믿음의 사람들이 있다는 사실을 기억하라. 정 선교사는 아이를 낳고 키우는 심정으로, 그리고 씨를 뿌리고 나무를 키우는 정성으로 사역을 감당해야 한다라고 주장한다. "그는 흥하여야 하겠고 나는 쇠하여야 하리라"(요 3:33)는 세례요한의 말씀을 기억하고, 현지인들을 대하고 가르칠 것을 제안한다. 선교사는 현지인에게 빨리 넘겨주어야 할 사역과 끝까지 지도하며 도와주어야 할 사역을 분별해야 하며, 현지 상황에 맞는 선교를 하라고 조언한다.

다섯째, 개척 초기 가정에서 모이다가 교인 수가 늘어날 때 예배당 건물을 지었다. 함팅토야 교회는 2009년 6월 2층 가정집을 구입한 후 개조하여 40명의 교인이 예배를 드리기 시작했다. 이후 교인 수가 200명으로 증가하면서 장소가 협소하여 주일 예배를 3부로 나누어 드렸다.[27] 이후 2016년 8월 현재의 본당 200석 예배당을 건축하였다. 이처럼 처음부터 큰 교회 건물을 짓기보다 적절한 규모 건물을 예배 장소로 사용하다가 교회가 양적으로 성장하면 더 큰 규모로 건축하는 것이 지혜로운 방안이다.

여섯째, 일부 부자 교인들만이 아니라, 교인 모두가 건축헌금에 참여하게 하라. 한국교회 초기의 교회 건축사례와 같이, 함팅토야 교회의 교인 두 명이 예배당 건축을 위해 자신의 집을 헌납하였다. 다른 교인들이 2억여 원의 건축헌금을 드렸는데, 190명 교인이 헌금에 동참한 것을 고려하면, 일 인당 평균 105만 원을 헌금한 것으로 추정된다. 당시 교사 초봉 월급이 20~25만 원임을 고려할 때, 대부분의 교인들이 4개월에서 5개월 치의 월급을 헌금한 셈이다.[28)]

일곱째, 함팅토야 교회 건축은 현지교회도 자력으로 건축할 수 있다는 가능성을 보여주었다. 예배당 건축을 위해 거의 모든 교인이 헌금을 했으며, 주일학교 어린이들도 헌금에 동참하였다. 예배당 헌당식에 참석한 한국교회 방문단, 몽골 선교사, 현지 목회자 모두는 현지 교인들의 100% 헌금으로 예배당이 완공되었다는 사실에 놀랐다. 함팅토야 교회는 선교지 교회도 외부의 재정 지원 없이 예배당을 건축할 수 있다는 자력 건축의 대표적인 모범사례로 평가받고 있다.[29)]

여덟째, 한국교회들은 예배당 헌당식에 교회 비품을 지원함으로써 현지교회를 격려하였다. 몽골에 세워진 대부분의 예배당은 건축비 80~90%를 한국교회 지원으로 건축되었다. 함팅토야 교회 교인들은 건축비 전액을 자신들의 헌금으로 감당하였으며 교회 외벽용 붉은벽돌 6만 장, 레미콘 타설 지원, 창문 공사도 감당하였다.[30)] 한국 후원교회들은 헌당예배에 맞추어 교회 축대 공사, 예배당 의자, 강대상, 방송 장비, 주방 그릇 등을 지원해 주었다.

아홉째, 함팅토야 교회는 예배당 건축 후에도 다양한 교회 밖 선교사업을 추진하고 있다. 재정 자립이 가능했던 함팅토야 교회는 해외 선교사 지원, 지방 전도 사역비 후원, 어려운 교회 목회자 지원, 불우이웃 돕기, 출근길 샌드위치 지원 사역 등, 지역사회를 기반으로 하는 선교사업뿐 아니라 다양한 사회복지 사역도 진행하기 시작하였다.

열째, 함팅토야 교회는 교회 개척-예배당 자립 건축-현지인 목회자 양육-리더십 이양 등 선교의 모든 과정을 압축적으로 보여준다. 2016년 예배당 건축 이후, 선교사는 2년여 동안 현지교회 담임목사로서 현지 목회자와 아름다운 동역을 하였다. 2년 후 현지 사역자가 준비되었을 때, 선교사는 그를 리더로 세우고 물러났다. 이처럼 함팅토야 교회는 현지인 목회자를 자신의 영원한 조력자(도우미)로만 머물게 한 것이 아니라, 영적으로 성장시킨 후 교회 리더십을 넘겨준 모범적인 사례이다.[31] 이양 이후에도 현지 목회자 주도로 건강하게 자립하며 선교하는 교회로 서가고 있다.

6. 정광윤 선교사 사역 평가

울란바타르시 대도시 중심에 인접한 구역에서 시작된 함팅토야 교회는 현지인들 스스로 예배당을 건축하는 단계까지 성장하였다. 이 교회는 외부의 재정 도움 없이 현지인 자력으로 교회 건물을 건축함으로써 몽골 선교사와 현지 목회자들에게 자립 건축의 좋은 선례를 남겼다. 초기에 한시적으로 한국교회의 도움을 받았지만, 현지 교인들의 적극적 참여로 자립교회를 세웠으며, 이후 선교를 재생산하는 교회로까지 성숙해 나갔다.

정광윤 선교사는 현지 리더를 훈련시켜 현지교회 목회자로 세웠으며, 현지인 리더십 아래에서도 교회가 건실하게 성장해 나감으로써 선교사-현지 목회자 간에 교회 리더십을 성공적으로 이양한 사례로 손꼽힌다. 선교사는 현지인 목회를 하면서도 현지교회의 자립과 이양이라는 궁극적인 목표를 놓치지 말아야 한다. 정광윤 선교사는 선교사가 현지인처럼 언어가 되지 않는다고 현지 목회를 하지 않는 것은 바람직하지 않다고 생각한다.[32]

정광윤 선교사가 개척하고 건축한 함팅토야 교회는 선교사가 장기간 목회하면서, 현지인 목회자에게 한국교회의 건강한 목회 원리를 보여주는 것이 효과적인 이양 준비 단계라는 사실을 보여준다. 그는 14년 동안 현지 사역자에게 말씀과 기도훈련을 시켰으며, 현지 사역자가 목회적 소양과 영적 능력을 갖추도록 했다.[33] 이처럼 선교사는 현지인 리더에게 목회적 소명(Calling)이 분명한가를 검증해야 하며, 목회 훈련을 통해 그가 실제적 경험을 갖추도록 도와야 한다.[34]

종합하면, 도시 중심지역에 개척된 함팅토야 교회는 선교사 주도의 교회 개척으로 시작했지만, 선교사가 현지 목회자 및 교인들과 함께 하는 예배당 건축, 현지 목회자 세움과 교회 리더십 이양 등 선교사가 장기적 관섬에서 추신해야 할 과정을 압축적으로 보여주고 있다.

1) 2005년 울란바타르에는 100만 명이 살았으며, 현재 135만 명이 거주하고 있다.

2) 코로나 이전에 몽골에는 600여 개의 교회(20명 미만 기도처 포함)가 있었는데, 외부 후원으로 유지되는 미자립교회가 대부분이다. 코로나와 경제 불황으로 문 닫는 교회들이 생겨나고, 집회 인원도 현저히 줄었다. 현재 몽골 복음주의협회(MAE)에 등록된 교회는 약 450개이다.

3) 코로나 장기화로 정광윤 · 황숙남 선교사는 한국에 거주하며 재한 몽골 함팅토야 교회를 개척하여 목회하고 있다. 코로나 이전에 국내에는 몽골인 6만여 명, 몽골 유학생 약 7,950명이 거주하고 있었다. 정광윤, 황숙남 선교사, "코로나로 귀국한 선교사들, 그들은 지금 어디서, 무엇을 하는가?" 『가스펠투데이』 2021년 12월 2일 13면.

4) 정광윤 선교사는 몽골 두 곳에 예배당을 건축했는데, 델힝다우스 교회는 한국교회 후원으로 지었고, 함팅토야 교회는 몽골 교인들의 헌금으로 건축하였다.

5) 잉케 목사는 1988년 외국인 노동자로 경기도 부천에서 일하다가 예수를 영접한 후 귀국하여 통합교단 최초로 세워진 아멘교회(안교성 · 윤순재 선교사 설립, 당시 양재철 선교사 담임) 출석하던 2005년 2월 정광윤 선교사를 만나 통역으로 돕던 중에 몽골 연합신학교에서 신학을 공부하며 함팅토야 교회 개척과 몽골 목회자훈련원 사역을 협력하고 있다.

6) 목회자 훈련원 출신 사역자들이 교회를 건축할 때 정광윤 선교사는 생활비 보조, 건축비 일부 지원, 천막, 성찬 용품, 성의 등을 기증하였다.

7) 몽골 선교사로 사역하다 은퇴 후 인도와 네팔에서 사역하던 한국 선교사(2018년까지 후원)와 러시아, 중국에 거주하는 몽골 브리야트족을 선교하는 DM(디아스포라 몽골) 선교회 대표 겐덴다람 선교사를 지금까지 후원하고 있다.

8) 잉케 목사는 몽골로 귀국한 후 2005년 2월 정광윤 선교사를 만나 현지에서 연합신학교와 몽골 목회자훈련원을 통해 신학을 공부했으며 현재 몽골 함팅토야 교회에서 사역하고 있다.

9) 집주인 도르츠(당시 31세)는 한국에서 7년간 노동자로 일했으며, 한국말이 능통하여 현지어를 못하는 선교사의 몽골 정착 과정에서 모든 문서(거주 비자, 운전면허증, 각종 인허가) 처리를 도와주었다. 형제가 9명이고 여동생이 4명이나 되는 도르츠의 가족이 선교사를 가족과 형제처럼 살펴주었다.

10) 2005년 몽골인 사이에 한국에 노동자로 가려는 열망이 최고조에 달해 한국에서 3년만 일하면서 돈을 모으면 아파트를 살 수 있다는 소문이 나서 한국어를 배우려는 사람들이 많았다. 참고로, 윤순재 선교사가 총장으로 사역한 울란바타르 대학도 한국어 교실로 시작되었다.

11) 함팅토야교회의 창립기념일은 2005년 9월 4일로 통역으로 사역하던 평신도 잉케 교수(당시 몽골 나담대학 법학교수)가 몽골을 대표하는 연합신학교(UBTC 4년 과정)에 입학하여 현지인 전도사로 함께 교회 개척을 시작한 주일로 결정하였다.

12) 함께 예배드린 4개 교회 목사님들이 귀국 후 정광윤 목사 부부를 정식 선교사로 파송하기로 결의하였으며, 2005년 11월 총회 파송 몽골 선교사로 임명되었다.

13) 이층집을 구입하여 1층 예배실, 2층 기도실과 사무실로 나누었으며, 1층 작은 방들을 없애고 철골 기둥을 받쳐 예배당으로 사용하였다.

14) 함팅토야 교회에는 부자 교인들이 많아서 예배당 건축을 할 수 있었다고 말하는 이들이 있지만, 함팅토야는 다른 교회들과 같은 경제적 형편에 있었다. 주목할 점은 건축 과정에서 가난한 교인들이 더 열심히 헌금하고 건축자재와 물품을 헌물하였다. 자신의 집을 헌납한 두 가정 중에 한 가

정은 보통 서민이었으며, 다른 가정은 고등학교를 졸업한 청소년을 둔 과부로서 남의 집 마당에 게르 천막을 치고 사는 구제대상이었다.

15) 지방 도시 아파트(1천만 원)와 일반주택(1천500만 원)을 기부받았는데, 1년 후 일반주택 기부자가 헌납한 집을 돌려 달라고 요구해 돌려주었다.

16) 매일 저녁기도회에 70~120명 교인이 참여했으며, 정 선교사와 한국 목사들이 ZOOM으로 설교하였다. 코로나로 선교사가 한국에 나와 있는 2년간 집회 금지 등 어려운 상황에서도 잉케 목사 지도하에 교회 재정은 증가했으며, 특별히 감사헌금과 십일조 헌금에 참여하는 교인이 늘어났다.

17) 2017년 2월 몽골은 과도한 부채와 정부 재정 악화로 상환 능력이 없어져서 국제통화기금(IMF) 구제금융을 받으며 IMF 체제를 도입하였다. 이후 2018년부터 몽골 경제가 회복되고 최고치의 경제 성장률을 기록하였는데, 호전된 경제 상황은 이양 이후 함팅토야 교회의 자립에 긍정적인 영향을 끼쳤다.

18) 정광윤 선교사가 몽골에 가기 전 잉케를 통역으로 만나 알고 있던 선교사들은 그를 한국말을 조금 아는 몽골 사람 정도로 기억하고 있었다. 후에 잉케 목사를 담임으로 세울 때 "아니 잉케를 목사로 세우다니"라며 의외라는 반응을 보인 이들도 있었다.

19) 시골 지역에서의 교회 개척은 지방 유지들과의 유대관계가 중요하다. 지역사회 자치장과의 친밀한 관계가 형성되지 않고는 교회 개척이 어렵기 때문이다.

20) 현지 교인들이 책임감을 갖고 예배당을 건축할 수 있도록 자립 의식을 키워주는 것이 중요하다.

21) 선교사는 현지인 리더가 목회를 잘 감당할 수 있도록 도와야 한다. 2008년 5월 개원한 몽골 목회자훈련원은 한국의 전문 강사(교수, 목사)를 초청하여 매월 한 주간(4일 이상), 공동체 영성 훈련, 성경 연구, 현대목회 프로그램 등 현장에 필요한 과목을 개설했다. 2019년 코로나 팬데믹 이후, 인터넷 온라인(zoom)을 통해 재몽-재한 몽골 함팅토야 교인, 몽골 목회자, 해외 몽골 교인들과 재한 몽골교회 목회자들을 대상으로 다양한 목회학 과목과 성경 공부 과정을 진행하고 있다.

22) 한국교회 100% 지원으로 건축된 교회는 단기적으로 부흥하는 것 같지만, 이후 재정문제로 어려움을 겪거나 교회 성장이 잘 안 되는 경우가 많다. 교인들이 교회 건물을 매각하여 교회가 없어지는 경우가 발생하기도 한다.

23) 준비되지 않은 현지 목회자에게 리더십을 넘기면, 이양 후에 목회자와 교인들 간에 갈등이 발생하기 쉽다.

24) 이양한 후에도 선교사는 현지 목회자의 멘토 역할을 계속 감당하는 것이 좋다.

25) 1990년 소련연방이 무너진 후 몽골은 사회주의에서 민주주의 국가로 근본체계를 바꾸었으며, 대한민국을 경제발전 모델로 삼고 있다. 몽골과 같이 경제성장이 급격히 일어나는 나라에서는 (경제성장이 거의 없는 서성상 국가와 달리) 자립 선교정책을 반드시 취할 필요가 있다.

26) 정광윤 선교사가 자립선교에 관심을 두게 된 계기는 선교 초기인 2006년 5월 러시아 노보시브리스크에서 개최된 "CIS 한인선교사대회"에 참석했을 때, 한국교회 후원은 줄고 러시아 물가상승은 가파르며, 비자 기간은 줄어들어 선교사들이 어려움을 겪고 있다는 얘기를 듣게 되면서부터였다. 몽골에도 이러한 때가 올 것으로 생각하며, 자립을 염두에 두고 사역하게 되었다. 몽골 목회자들에게 자립을 강조하며, 잉케 목사에게도 자립교회로 키우도록 했으며, 열심히 목회하면 교회 재정도 풍성해지고 사례비도 걱정할 필요가 없다고 권면하였다. 참된 자립은 현지교회가 목회자 사례비, 교회 경상비를 감당할 뿐만 아니라, 외부 강사 사례비 지불 및 시골 미자립교회와 목회자 지원, 현지 신학교, 몽골 복음주의협회와 몽골 성서공회 등 국내외 선교단체를 지원하는 단계까지 나아가야 한다고 생각한다.

27) 정광윤 선교사는 주일 예배를 3부로 나누어 드릴 정도로 교인 수가 늘어났을 때, 예배당 건축을 하는 것이 좋다고 조언한다.

28) 몽골교회 1년 헌금 수입은 1천만 원 미만이었으며, 2천만 원이 넘는 곳은 울란바타르 시내의 몇몇 교회에 불과했다. 몽골 복음주의협회에 의하면, 1990년 몽골 개방 이후 세워진 교회 중에 100% 현지 교인들의 헌금으로 예배당 건축이 끝난 경우는 함팅토야 교회가 유일하다고 한다.

29) 현지 교인들이 건축비 일부를 감당하기도 하지만, 대부분의 예배당이 한국교회 후원으로 건축되었다.

30) 몽골은 건축자재 대부분을 중국에서 수입하며, 추운 겨울 날씨로 인해 외벽에 들어가는 시멘트 레미콘 공사비와 난방비용이 상당히 많이 들어가며, 건물관리 유지비도 다른 나라에 비해 많이 소요된다.

31) 정광윤 선교사와 17년간 동역한 함팅토양 교회 잉케 목사를 Intensive 박사과정에 입학시켜 학위를 취득케 하며, 선교사 은퇴 후에 몽골 목회자훈련원장으로 세우려고 준비하고 있다.

32) 2019년 5월 6일~7일 경기도 고양 안디옥교회에서 개최된 제4차 『안디옥 선교포럼』("한국 선교사, 현지 목회해야 하는가? 현지인에 리더십 이양은 언제 하는가?")에서 현지인처럼 언어가 되지 않는다고 선교사가 현지 목회를 하지 않고, 현지 지도자 양성에만 주력하는 것은 바람직하지 않다고 보았다. 참조: "선교사들의 현지인 대상 목회, 선교 결실을 위해 필요하다." (국민일보 2019.05.10) http://news.kmib.co.kr/article/view.asp?arcid=0013302537&code=61221111&cp=nv

33) 선교사는 협동 목회를 통해 현지인 목회자가 설교, 전도, 심방, 행정, 기도회, 성례전, 경조사 등 목회 전반을 경험하게 했으며, 이후 현지 교인들을 통해 그 역량이 검증되었을 때 리더십을 넘겨주었다.

34) 정광윤 선교사는 현지인 목회자 가정이 재정적으로 안정되고 어려움을 겪지 않도록 도와야 하며, 전도를 통해 교회에 출석하는 교인들이 구원의 확신을 갖도록 해야 한다라고 주장한다.

제4장

캄보디아 교회 개척

- 제자훈련을 통한 불교권 교회 개척과 예배당 건축 -

오태근 선교사(타문화권 선교) 사례

"교회는 그의 몸이니 만물 안에서
만물을 충만하게 하시는 자의 충만이니라"
(에베소서 1:23)

1. 선교사역 소개

2000년 6월 10일 내한예수교장로회 통합 총회(PCK) 파송으로 캄보디아에 도착한 오태근 선교사는 21년째 사역하고 있다. 그는 현지인 제자훈련을 통하여 양육 받은 제자들과 함께 교회 개척 사역을 진행해오고 있다. 2022년 현재 총 21곳에 교회를 개척했고 개척한 모든 교회의 예배당 건축을 마쳤으며, 초기부터 제자들에게 교회 리더십을 이양하여 개척된 모든 교회는 독립된 지역교회로서 복음 전파의 사명을 감당하고 있다.

캄보디아는 동남아시아 인도차이나반도에 있는 국가로서 공식 명칭은 '캄보디아 왕국'이며, 정치체제는 1993년 제정된 헌법에 따라 입헌 군주제를 채택하고 있다. 인구는 1,650만 명이며, 1인당 국내총생산(GDP) 1,647달러(세계 174위, 2021년 IMF 자료)로 아시아 최극빈국에 속하며, 전체 인구 가운데 95%가 불교(Theravada, 소승불교)를 국교로 신봉한다. 헌법상 종교의 자유가 보장되어 있어서 이슬람 3%, 개신교 1.5%, 가톨릭 0.2%이다. 종교 간의 화합과 평화를 강조하며 매년 연말에 훈센(Hun Sen) 총리가 참석하는 종교회의를 개최한다.

캄보디아는 세계 7대 불가사의 건축물 중 하나이자 유네스코(UNESCO) 세계문화유산인 앙코르와트(Angkor Wat, Suryavaman II, 1113~1150)와 '킬링필드(killing field, 1975~79)의 나라'로 알려져 있다. 1975년 4월 17일 지도자 폴 포트(Pol Pot, 1928~1998)의 명령을 따른 급진 공산주의 정권 크메르루주는 평화롭던 캄보디아를 죽음의 땅으로 몰아넣으며 공산혁명에 성공했다. 이후 1979년 1월 7일 베트남군에 의해서 축출될 때까지 인구 800만 중 200만 명을 학살하며 캄보디아를 절망으로 몰아넣었다. 40여 년의 세월이 흘렀으나 국민들 마음속에 잠재된 아픔은 여전히 남아있다. 지금 예수 그리스도의 복음이 그들의 상한 마음과 영혼을 치유하며 그 땅은 복음을 통해 생명의 땅으로 회복되고 있다.

*** 오태근 선교사 프로필**

- 1990.02 서울장로회신학교
- 1991.02 장로회신학대학교 신대원(목연)
- 1988~1993 명학교회 전도사, 부목사

- 1993~1995　　대명교회 팀 사역
- 1995~2000　　수유동교회 부목사
- 2000.6.10~현재　총회 파송 캄보디아 선교사
- 1999.02　　한국방송통신대학교 교육학
- 2021　　언더우드 대학교(M.Div.)
- 2022　　언더우드 대학교 대학원(Ph.D./선교학) 재학

2. 캄보디아 선교와 제자훈련/양육

1) 캄보디아 장로교신학교

캄보디아 선교는 1993년 대한예수교 장로회 합동측(GMS) 선교사가 한국교회 최초 선교사로 파송됨으로써 시작되었다. 이후 여러 교단에서 파송 받은 장로교 소속 한국 선교사들이 캄보디아에서 제자양육과 교회 개척을 진행하면서 신학교육의 연합 필요성을 생각하다가 2003년 7월 9일 '캄보디아 장로교공의회'[1]를 발족하고, 하나의 장로교신학교를 세워서 현지인 지도자 양성을 시작하기로 하였다.

2004년 10월 오태근 선교사는 7개 장로교단 선교사들과 연합으로 동남아시아 선교거점 역할을 감당할 '캄보디아 장로교신학교'(Cambodia Presbyterian Theological Institute)[2]를 수도 프놈펜에 설립하고, 제자양육 훈련을 받은 청년들을 신학교에 보내 목회자로 세워나가기 시작하였다. 2013년 7월 9일 '캄보디아 장로교 독노회'를 설립했으며 캄보디아 장로교신학교에서 교육받고 목사와 장로로 세움 받은 현지인들과 함께 교회 개척 사역을

진행하고 있다. 선교사에게 양육 받은 청년들이 신학교 재학 중에 21곳의 교회를 개척하였고 그들 대부분이 목사 안수를 받고 사역 중이다.

2) 제자훈련

오태근 선교사는 모교회인 서울 동교동교회 고등부 시절에 네비게이토 성경공부 교재로 신앙훈련을 받으며 "제자는 태어나는 것이 아니라 훈련으로 만들어진다."(Disciples Are Made, Not Born.)라는 구절을 마음에 깊이 새기고 있다. 중 · 고등부 시절부터 제자양육 훈련을 받았던 오선교사는 캄보디아에 도착하여 2년간의 언어 훈련을 마치고, 현지 청년들을 대상으로 제자양육을 준비했다. 예배당 건축보다 현지인 지도자를 배출하는 것이 우선이었기 때문이다. 제자 양육생을 구하기 위해 수도 프놈펜과 시골 지역까지 찾아가기도 했다. 그는 예수님의 제자양육과 훈련을 시도하고 있다.

중국 선교사(China Inland Mission) 출신의 허버트 케인(Herbert Kane) 교수는 예수의 복음 사역은 제자훈련에 맞추어져 있음에 주목한다. "예수님은 숫자에 별 관심이 없으셨다. 그분은 회심자의 숫자보다 제자훈련에 더 많은 관심을 두고 계셨다. 그는 열두 제자를 택하신 후 대부분의 시간과 열정을 열두 제자에게 쏟으셨다."[3] 오태근 선교사도 예수님의 본을 따라 하나님께서 예비해 두신 청년들을 찾아 나섰다. 식당에 가서도 음식을 나르는 젊은이들 중에 제자로 삼을 대상이 있을까 하여 기도하며 찾았으며, 주말에는 메콩강가에 나가서 복음을 전하며, 찾기도 했다.

제자 삼는 일은 가만히 앉아서 기다리는 것이 아니라 예수님처럼 찾아가는 일이기 때문이다. 하나님은 제자양육을 위하여 프놈펜 국립대학

(Royal University of Phnom Penh)에 재학 중인 한 남자 청년을 예비해 두셨다. 복음을 듣고 거듭나 예수를 사랑하는 그를 통하여 여러 지역의 친구들과 청년들을 만나게 해 주셨다.

2002년 4월, 수도 프놈펜에서 약 15km 떨어진 쁘렉아엥 마을에 나무집 두 채를 임대하고 10명의 청년과 함께 살면서 제자양육을 시작했다. 매일 새벽 5시에 새벽기도회를 시작으로 성경 통독, 성경 각 권에 관한 공부, 네비게이토 성경 구절 암송을 통하여 말씀과의 만남에 집중하였다. 매주 두 차례씩 네덜란드에서 온 선교사가 제자 양육생들에게 영어를 가르쳤다. 오후에는 태권도, 찬송가 및 악보 공부, 기타(guitar), 키보드 연주 등 악기 반주를 가르쳤고, 매일 경건 일기 쓰기, 수요, 금요기도회 등 매일 저녁 9시까지 강도 높은 훈련을 하였다. 그러나 몇몇 청년들은 2개월도 되기 전에 포기하고 집으로 돌아갔으나 또다시 다른 청년들이 훈련생으로 들어와서 8명의 청년과 함께 2002년 6월에 쁘렉아엥 평화교회를 개척했고 센터교회로 자리매김 하였다.

3) 제자양육: 영적 아비

청년들은 많이 있지만, 예수 그리스도의 제자로서 주님의 부르심에 응답할 수 있는 청년을 만나는 것은 쉬운 일이 아니다. 그리스도의 제자가 되는 길은 인간적인 야망을 내려놓고, 예수를 따르는 십자가의 길을 걸어가야 하기 때문이다. 그러므로 선교사는 복음을 위해 많은 시간을 들여 자신의 삶을 나누어야 한다. 오태근 선교사는 교회를 개척하기 전에 제자양육을 먼저 시작했다. 한 사람의 청년이 보통 2년간 기초 제자 양육과정을 받고, 3년 차에 캄보디아 장로교신학교에 입학하여 6~7년(학부 4년, 신대원 2~3년)의 신학 과정을 마치고 목사 안수를 받는다. 보통 신학교 3학년 때 교회를 개척하여 단독 목회를 시작하고 신대원에 들어가면 개척한 교회에 파송되어 담임 교역자로 분립하였다.

제자양육은 성경 교육을 넘어 예수 그리스도의 제자로서의 삶을 함께 살아가며 이루어진다. 매일 새벽부터 함께 말씀을 묵상하고 기도하며 예수를 사랑하는 삶을 살아가는 것이다. 그러나 청년들을 양육하면서 많은 갈등과 시험을 겪기도 했다. 선교사의 부족한 인격으로 인해 그들을 실족하게 할 때가 있었고, 반대로 그들에 대한 배신감과 실망감으로 가슴 아픈 시간을 보낸 적도 많았다. 그때마다, 다시 십자가를 붙잡고 무릎을 꿇을 때 하나님의 은혜로 회복되기도 했다. 이처럼 제자양육은 삶을 나누는 것이다.

부모의 마음으로 제자양육을 해야만 충성된 예수 그리스도의 제자가 세워진다. 20대 청년으로 만난 제자들이 약 20년의 세월이 흐르면서 지금은 각 교회의 지도자로 세움을 받고 목회 사역 중이다. 그들을 양육하는 동안 아내 이세금 선교사가 이들을 자식같이 돌보아 주었다. 대부분의 제자들에게 세례를 주었을 뿐만 아니라, 결혼 주례를 했으며, 자녀를 낳으면 유아 세례를 베풀어 주었기 때문에 지금도 모두가 가족처럼 친근하게 지낸다. 선교사는 스승이 되기보다 바울이 디모데를 영적 아들로 삼았던 것처럼 이들에게 영적 아비가 되어야 한다.

3. 농촌교회 개척과 예배당 건축

1) 교회 개척 과정

① 개척교회 장소 선정

매 주일 센터에서 예배를 마친 후, 오후 3시에 제자양육 훈련을 받는 신학생들과 함께 새로 교회를 개척할 장소에 가서 전도하며, 어린이 예배, 주민 전도사역을 진행한다. 보통 6개월에서 1년 정도의 시간이 지나면 새로운 개척지에서 사역을 감당할 자원자가 양육한 신학생 가운데 나오곤 한다. 이후 사역자가 그 지역을 맡아서 주일 모임을 진행하며 전도를 통해 예수를 믿게 된 교인의 집(나무집)을 예배 장소로 사용하게 된다. 이 기간은 보통 2~3년이 소요된다.

② 신학생 자원자와 교회 개척

교회 예배가 어느 정도 안정적으로 진행되고(보통 2~3년) 교회 부지가 준비되면, 또 다른 지역으로 전도사역을 진행한다. 그동안에 담당 사역자는 주일 예배뿐 아니라 지역 학생들을 위한 영어 프로그램, 태권도 등을 가르치며 지역 주민들과 깊은 신뢰 관계를 형성하며 교회 성장을 위해 노력한다.

③ 교회 부지 헌납과 예배당 건축

사역자가 자신의 고향에서 교회를 개척할 경우에는 자신의 집터를 헌납하고 대지를 교회 공동명의로 도(都) 토지관리과에 종교 부지로 등록한다. 21곳에 설립된 평화교회 가운데 약 30%는 이러한 방식의 기부를 통해 건축하였다. 가정교회 형태로 시작된 교회가 예배당을 건축한 이후에는 종교부의 정식 허가를 받은 교회가 된다.

2) 로까 평화교회 소개와 예배당 건축

① 로까 마을 및 교회 소개

2013년 쿤 분나(Kun Bunna) 전도사 집에서 로까 평화교회는 시작되었다. 그는 마을에서 가축을 돌보는 수의사이자, 신뢰받는 젊은 영농지도자였다. 로까 마을은 수도 프놈펜에서 북쪽으로 약 153km 지점에 있으며, 약 1,300명(약 300호)의 주민 대부분이 농사를 짓고 가축을 키우는 전형적인 농촌 시골 마을이다. 분나 전도사는 2010년에 한 전도자로부터 복음을 듣고 회심하여 예수를 믿게 되었고 2011년부터 가족, 친지들과 함께 자신의 집에서 가정예배를 드리기 시작했다.

2014년에 쁘렉아엥 평화교회에서 제자양육을 받고 있던 신학생의 소개로 우리 센터와 연결된 이후, 분나 전도사는 쁘렉아엥 평화교회 센터에서 제자훈련을 받으며 신앙이 성장하며 가정교회를 시작하였다. 2017년에 캄보디아 장로교신학교 목회연구과정에 입학하였으며 2019년 졸업하였다. 지금은 목사고시 준비 중이다. 로까 교회는 처음부터 자립 목회를 지향하였으며, 분나 전도사는 자신의 집터에서 가축을 키우고 또한 마을 사람들의 가축을 돌보아 주며 생활하였고 주중에 세 곳의 소그룹 성경 공부를 인도하며 복음을 전했다. 주일 예배와 주중 성경 공부 모임을 자신의 집에서 진행했다.

② 예배당 건축과 기도 응답

예배에 참석하는 교인들이 늘어나 매주 40~50명이 모이다 보니 공간이 협소해져 더 넓은 예배처소의 필요성을 느끼게 되었고, 예배당 건축을 위한 교인들의 기도가 시작되었다. 교인들이 건축헌금을 드리며 예배당 건축 준비를 시작했다. 약 2,000달러의 건축기금이 모였으며, 2년의 시간이 경과한 2016년에 한국의 한 교회에서 새로 임직을 받은 권사, 안수집사들이 임직 기념으로 2,200만 원을 헌금했는데, 그 헌금을 캄보디아 예배당 건축비로 보내기로 했다는 연락을 받았다. 예배당 건축을 위해 기도와 물질로 준비하고 있던 로까 평화교회 교인들에게는 하나님께서 허락하신 기적 같은 응답이었다. 분나 전도사는 자신이 살던 집과 대지 1,984㎡(약 600평)를 교회에 헌납했으며, 기증받은 대지는 소유권 이전 등기를 하여 소유주를 교회로 변경하고 종교 부지로 등록하였다.[4)]

③ 예배당 건축 과정

분나 전도사는 한국교회의 지원 계획을 교회에 알리고 예배당 건축을 위해 더욱 기도하며 건축헌금에 참여하도록 독려했다. 2016년 4월 건축이 시작되면서, 한국교회에서 건축 지원금을 보내왔으며, 로까 평화교회 목회자와 교인뿐 아니라, 선교사의 제자 목회자들이 사역하는 여러 평화교회에서도 예배당 건축을 위해 함께 기도하였다.[5)] 우기가 시작되는 6월부터 매일 비가 오는데, 우기에도 건축이 순조롭게 진행되도록 모두가 기도에 동참했다. 건축 공사 동안, 교인들은 건축 현장에 나와 식사나 간식 당번 혹은 크고 작은 잔일을 도우며 작은 힘이나마 보태려고 노력하였다.

3) 현지교회의 20% 참여와 한국교회의 협력

기초 공사를 마치고, 벽돌이 쌓여 올라가고, 지붕이 덮이면서 9월 말에 6개월의 건축 공사가 마무리되어 109㎡(33평)의 아름다운 예배당이 완공되었다. 예배당 전체 공사비는 약 25,000달러가 소요되었다. 한국교회가 22,000달러를 지원하였고, 로까 평화교회 교인들이 약 3,000달러를 헌금하였다. 그리고 교회 대문과 담장 공사비로 약 2,000달러 추가 비용이 발생했는데, 로까 평화교회 교인들의 정성 어린 헌금으로 마무리되었다. 전체 예배당 건축에 들어간 비용은 약 27,000달러이며 그 중 한국교회가 22,000달러(81.5%)를 지원했으며, 현지 교인들이 5,000달러(18.5%)를 감당하였다. 미약하지만 최선을 다해 건축헌금을 드리며 기쁨으로 동참하는 현지 교인들의 모습이 보기에 좋았다.

① 입당 · 헌당 예배와 전도집회

2016년 10월 초에 드려진 로까 평화교회 입당 예배는 온 동네 마을 잔치가 되었다. 한국의 후원교회 목사 부부가 참석했으며, 500여 명의 마을 주민들이 동참하여 예배를 드렸다. 군수와 군(郡) 종교부 담당자와 면장이 축사해주었다. 대부분의 주민이 불교도인 나라이지만 하나님의 교회가 세워지는 날에 함께 참석하여 축하해주니 감사한 일이었다. 이것은 우연히 이루어진 일이 아니라, 교회 설립 후에 로까 평화교회의 분나 전도사와 교인들이 기도하며 마을 사람들에게 사랑의 씨앗을 뿌리며 좋은 관계를 맺어왔기에 가능한 일이었다.

로까 평화교회 건축사례는 "교회는 보이는 건물의 웅장함보다 보이지 않는 관계와 신뢰의 집이 먼저 지어져야 보이는 예배당도 아름답게 세워질 수 있다"라는 교훈을 준다고 오태근 선교사는 말한다. 또한 한국교회 교인들이 임직의 기쁨을 선교 헌금으로 표현하였으며, 이는 선교지의 절실한 필요인 예배당 완성이라는 아름다운 동역의 열매가 되었다.

② 예배당 건축 후의 교회 자립 상황

초기 한국교회 성장의 주요 요인이었던 네비우스(Nevius)의 방법을 따라 로까 평화교회는 개척 초기부터 자립, 자치, 자전하는 교회로서 조금씩 변화하고 있다. 분나 전도사가 영농지도자로 마을 주민들의 농사를 지도하고, 자신의 수의사 면허를 활용하여 가축 질병을 치료해주고 그 수입으로 교회의 예산에 보태며, 자신의 생활비로도 사용한다. 교회 텃밭에서 가축을 키우고, 채소를 심어서 식자재로 사용한다. 교인들과 공동으로 약간의 쌀농사를 지어 수입을 얻기도 한다. 또한 교회 뒤뜰에 집 몇 채를 지어 몇몇 가난한 과부와 고아들을 돌보고 있다.

교회의 1년 예산은 4,000~4,500달러이며, 넉넉한 예산은 아니지만, 목회자 생활비, 교회 운영비 그리고 약간의 구제비를 나눌 수 있을 정도이다. 교회 뒷마당에 나무집 두 채를 짓고, 생활이 어려운 무주택자 교인 두 가정이 생활하게 하였다. 분나 전도사는 이들과 함께 자그마하게 농사를 짓고 가축도 돌보며, 자립을 넘어서 재정적으로 어려운 다른 교회를 돕는 교회로 성장하기를 기도하고 있다.

4. 농촌지역 교회 개척과 예배당 건축

1) 예배당 건축 과정 10단계

오태근 선교사는 직접 전도하고 양육한 신학생(혹은 목회자)들과 함께 교회를 개척하였다. 교회 개척과 예배당 건축 과정의 단계는 다음과 같다.

1단계: 제자훈련을 통해 양육한 신학생 및 졸업생들과 함께 교회 개척 준비
2단계: 교회설립 예정지에서 전도하며, 신학생 자원자가 나오면 개척 시작[6)]
3단계: 전도를 통해 예수를 믿게 된 교인의 나무집을 빌려서 예배 시작
4단계: 일정 기간 예배가 안정적으로 진행되고, 교인 40~50명이 모이면

건축 시작[7)]

5단계: 사역자가 고향에서 개척하는 경우, 그 집터를 교회 부지로 헌납하도록 권면[8)]

6단계: 한국교회 후원과 함께, 현지 교인들도 일정 부분(부지 헌납/헌금) 부담하게 할 것[9)]

7단계: 사역자나 교인이 교회 부지를 헌납하면, 교회 공동명의로 소유권 이전 등기[10)]

8단계: 시골에 개척한 21곳의 교회에서 다양한 자립 방법 시도[11)]

9단계: 헌당예배에 한국 후원교회, 현지 교인, 지역사회 지도자들을 초청하고, 지역 주민을 전도하는 기회로 삼을 것

10단계: 선교사-현지 제자 목회자들과 관계 지속(매달 1회 모여 말씀 연구, 사역 보고, 중보기도, 격려 시간)[12)]

2) 오태근 선교사의 농촌교회 개척 및 예배당 건축 매뉴얼

1. 예배당 건축보다 사람을 세우는 제자양육과 훈련을 중시하였다.
2. 사람을 제자로 세운 후에 예배당이나 기타 필요한 시설을 만들어가야 한다.
3. 양육한 제자 훈련생을 신학교에 보낸 후 이들과 함께 전도와 교회 개척을 시작했다.
4. 한국교회의 예배당 건축 지원을 광고하고, 현지 교인들도 동참하도록 격려했다.
5. 개척 초기부터 교회사역의 대부분을 현지인 리더들에게 이양하였다.
6. 교회 터를 기증받은 후, 교회 명의로 등기부 등록을 하여 소유권을 이전

하였다.[13]

7. 설립 초기부터 교회 자립을 위해 다양한 방법을 시도하도록 하였다.
8. 예배당 건축이 순조롭게 추진되려면, 지역 주민들과의 신뢰 형성이 매우 중요하다.[14]
9. 킬링필드의 상처를 치유하기 위해 교회 이름을 지을 때 지명 뒤에 평화교회를 붙였다.
10. 선교사는 건물을 세우기 위해 보냄 받은 것이 아니라, 사람을 세우기 위해 부름을 받았다.

5. 선교지 예배당 건축을 위한 제언

지난 22년 동안의 캄보디아에서의 교회 개척과 예배당 건축 경험을 바탕으로 오태근 선교사는 다음과 같은 교회 개척 방안을 제시한다.

첫째, 선교사는 지금까지 살아오던 문화권이 아닌 타문화권에서 사역하는 사람임을 기억해야 한다. 근대 개신교 선교의 아버지라 불리는 윌리엄 캐리(William Carey)는 "모든 민족을 제자 삼으라"라는 주님의 선교 명령에 순종할 뿐 아니라, 세상 끝날까지 함께 하시겠다는 주님의 임재 약속을 신뢰하고 인도로 나아갔다.[15] 지금까지 익숙하게 대하던 문화권이 아닌 이질 문화권에 복음을 들고 가야 한다.

둘째, 선교사는 선교지에 가서 예배당을 세우라고 부름을 받은 사람

이 아니다. 예수의 임재를 날마다 경험하며 그분과 동행하며, 복음으로 예수의 사람을 세우는 자가 선교사이다. 복음에 응답하여 자신의 삶을 주께 드린 헌신된 이들을 복음과 사랑으로 양육하여 교회 지도자로 양육하는 일이 가장 중요하다. 이에 비해 예배당 건축은 이차적인 문제이다. 캄보디아 21곳에 세워진 평화교회 목회자들은 모두 그렇게 세워졌다.[16] 선교지에서 선교사에게 가장 중요한 사역은 선교지 사람들과 좋은 관계를 형성하는 것이다. 오태근 선교사는 한국교회의 후원에만 의지하지 않고 현지 교인들도 건축의 일정 부분을 감당하게 했다.

셋째, 예수님은 제자들과 친밀하고 끈끈한 관계를 형성하셨다. 필리핀 새부족선교회(New Tribes Mission) 선교사 출신의 톰 스테픈(Tom Steffen) 교수는 "예수님은 많은 시간을 제자들을 아는 데 사용하셨다. 이들은 함께 먹고, 기도하고, 배우고, 웃고, 여행하고, 사역하였다. 예수님은 제자들과 든든하고 지속적인 관계를 형성하였다."[17]라고 언급한다. 예수님과 함께했던 제자들은 초대교회 주역이었고 그들은 예수 그리스도가 머리 되시는 불가시적인 주의 몸된 교회를 세우는 데 힘을 썼고, 또 다른 주의 제자들을 양육하는 일에 전심을 다 했다. 그러므로 제자를 세우는 일이 참으로 중요하다.

넷째, 교회 건축보다 신실한 현지 목회자(동역자)를 세우는 일이 더 중요하다. 교회 건축보다 좋은 목회자를 세우는 일이 더 중요하기 때문이다. 오태근 선교사는 제자양육을 사역의 제1순위로 정하고, 훈련된 제자들과 함께 교회를 개척했고, 개척 초기부터 교회사역의 모든 것을 현지 리더에게 이양했다. 한 달에 한 번씩 제자들과 전체 모임을 갖고 함께 말씀을 연구하고, 각 교회의 목회 사역 보고를 나누고, 중보기도하며 격려하는 시간을 정기적으로 갖는다.

다섯째, 선교사 자신이 먼저 예수 그리스도의 신실한 제자가 되어야 한다. 그래야만 좋은 제자를 양육할 수 있다. 우리는 베드로처럼 항상 넘어지기 쉬운 성정을 갖고 있다. 그래서 십자가 아래 무릎 꿇으며 사역을 잘 감당할 수 있도록 힘주시기를 기도한다. 킬링필드의 대학살로 인해 깨어진 평화를 회복하기 위해 개척된 21곳의 교회 이름을 각 지역의 마을 이름을 넣은 평화교회라고 명명하였다.[18] 대량학살의 아픈 역사의 현장이며 죽음의 땅이었던 킬링필드(killing field) 캄보디아가 예수 복음으로 사람을 살리는 리빙필드(living field)의 복된 장소로 변화되어 가는 중이다.

6. 오태근 선교사 사역 평가

오태근 선교사는 제자훈련을 통해 양육시킨 현지인들과 함께 교회 개척 사역을 추진하었다. 이 청년들을 신학교에 진학시켰고 그 대부분이 목사 안수를 받고 목회 사역하고 있으며, 이들과 함께 21곳의 교회를 개척하였다. 교회 개척 절차는 제자훈련을 받은 신학생들과 함께 교회를 세울 지역에 가서 전도하며, 결신자가 생겨나고, 신학생 중에 자원자가 나오면, 교회 개척을 시작한다. 또한 교인의 집을 처음 2~3년 동안 예배 처소로 사용하였다.

한국교회 초기 성장의 주요 동인이었던 네비우스(John Nevius)의 '자립선교'를 현지교회에 적용하여 '자립 목회'로 발전시켜나가기 위해 노력한다. 본 사례의 분나 전도사는 영농지도자로서 농사법을 가르쳤으며, 면허 자격을 가진 수의사로서 가축 질병 치료도 하며, 그 수입으로 교회 예산에 보태거나 자신의 생활비로도 사용하였다. 교회 텃밭에서 가축과 농작물을 재배하여 식자재로 사용하며, 교인들과 공동으로 쌀농사를 지어 수입을 얻고 있다. 그는 주중에 세 곳의 소그룹 성경 공부를 인도하며 주일 예배와 주중 성경 공부 모임을 자신의 집에서 인도한다.

오태근 선교사는 예배당 건축 시에 현지 교인들도 일정 부분을 감당하게 한다. 보이는 교회 건축보다 보이지 않는 지역 주민과의 관계와 신뢰가 먼저 형성되어야 한다고 생각한다. 현지인 동역자와 친밀한 관계가 형성되어야만 보이는 예배당도 아름답게 세울 수 있기 때문이다. 캄보디아는 전통적으로 모계 사회이고, 친족 공동체를 이루고 있다. 마을 중심부에는 불교사원이 자리 잡고 있으며, 아침마다 맨발로 탁발 시주를 받는 불교 승려에게 신발을 벗고 무릎을 꿇으며 정성껏 시주하는 모습을 볼 수 있다. 이들에게 기독교의 복음이 낯선 외래종교처럼 느껴질 수밖에 없다. 그러므로 예수 그리스도의 복음이 현지인들에게 친숙하게 다가가야 하며 복음으로 변화된 그리스도의 제자들을 재생산하는 것이 선교사의 주된 사역이 되어야 한다고 확신한다.

1) 2003년 9월 한국의 여러 장로교단 파송 선교사들이 연합으로 설립한 '캄보디아 장로교공의회'는 교파주의를 벗어나 하나 된 장로교를 통해 효과적인 선교를 감당하기 위한 목적으로 시작되었다.

2) 캄보디아 장로교신학교는 처음에 7개 장로교단 파송 30여 가정의 연합체로 시작했으나, 2022년 현재 12개 장로교단 파송 100여 한국 선교사 가정으로 확대되었다. 장로교신학교는 장로교공의회의 첫 연합사업으로 장로교 선교사들이 교파를 초월하여 세운 초교파 연합사업의 좋은 모범이 되었다.

3) J. 허버트 케인, 『세계 선교 역사』(*A Concise History of the Christian World Mission*), 변창욱 편역 (서울: 기독교문서선교회, 2020), 43.

4) 2004년 10월 개척한 스누얼 평화교회는 그해 6월 연세대학교 의과대학 의료선교팀이 의료봉사 중에 심장병을 앓고 있는 11세 여아를 발견하고, 한국에 초청하여 세브란스에서 무료로 수술해 주었다. 이를 계기로 예수를 믿게 된 아이 부모가 자신의 집터 일부를 예배당 부지로 헌납했다. 이 소식을 들은 세브란스병원 원목실은 교직원예배 주일헌금 전액을 건축 지원금으로 보내 양철 지붕 예배당을 세웠다. 현재 청장년 70명, 어린이 60명이 출석하고 있다. "오태근 선교사: 은혜에 물드는 캄보디아여, 할렐루야!" (국민일보 2005년 6월 23일). https://n.news.naver.com/mnews/article/005/0000209454?sid=103

5) 건축 공사는 캄보디아 장로교신학교 신학대학원(M.Div.) 재학 중인 씨텍 신학생에게 맡겼는데, 그는 오태근 선교사가 신학교에서 가르쳤던 학생이었으며, 건축을 배워서 자립 선교를 하고 있었다.

6) 6개월~1년의 시간이 지나면 새로운 개척지에서 사역할 제자 양육생 및 신학생이 자원하게 된다.

7) 주일 모임이 어느 정도(2~3년) 진행되면, 예배당 부지를 마련하고 건축을 시작한다.

8) 오태근 선교사가 개척하고 건축한 21곳의 평화교회 가운데 약 30%는 이러한 방식의 기부를 통해 건축되었다. 사역자의 헌납 이외의 경우에는 교회 부지를 매입하고 예배당 건축을 시작한다.

9) 로까 평화교회 건축의 경우, 총공사비 2만 7천 달러 가운데 현지 교인들이 5천 달러를 헌금하였고, 한국교회가 2만 2천 달러를 지원하였다.

10) 교회 부지를 매입한 때도 교회 공동명의로 토지관리과에 대지 등기를 한다. 대표자 1인, 교인대표 5~6인의 공동명의로 대지 등록을 한다.

11) 교회를 개척한 장소는 캄보디아 전역에 흩어져있는데, 프놈펜 근교에서부터 동쪽으로 베트남 국경, 북쪽으로는 태국 국경까지 다양하며, 영농(작물 재배), 가축 키우기 등의 자립방안을 시도하고 있다.

12) 2016년 제자 목회자들과 함께 전국의 가정교회 사역자의 말씀 훈련을 위해 "캄보디아 성경연구센터"를 설립하고, 쁘렉아엥 평화교회에서 매월 3박 4일씩 가정교회 사역자(30~40명)를 초청하여 성경, 전도법, 심방, 상담 기술 등을 가르친다. 강사로는 안수받은 6명의 제자 목회자가 함께 섬기고 있다.

13) 대표자는 담임 목회자이며, 교인 5~6명의 공동명의로 되어 있다.

14) 캄보디아에서 교회를 개척하고 예배당을 건축하려면 마을 주민들과 친숙한 관계를 맺는 것이 매우 중요한데 그 이유는 세 가지 서류, 즉 예배허가서(종교부), 대지문서(도 토지과), 건축허가서(도 건축과)가 필요하기 때문이다. 예배허가서는 종교부에서 서류를 받은 후, 7곳(마을 이장, 면장, 군 행정부, 군 종교부, 도 행정부, 도 종교부, 종교부 장관)의 도장을 받아야 한다. 그리고 2년

마다 예배 보고서를 도 종교부에 제출하고 허가를 다시 받아야 한다. 장완익, "캄보디아 개신교회사에 나타난 자립정책 연구: 캄보디아 장로교회를 중심으로" (Georgia Central University 대학원 박사학위 논문, 2021), 10.

15) 윌리엄 캐리, 『이교도 선교방법론』, 변창욱 옮김 (서울: 야스미디어, 2021), 40.

16) 예를 들면, 쁘렉아엥 평화교회 센터의 어린이집 교사들은 모두 주일학교 출신이다. 어릴 적부터 교회에서 말씀으로 양육 받은 학생들은 대학교를 졸업하고, 캄보디아 장로교신학교 유아교육학과를 졸업한 후에 교회센터의 어린이집 교사가 되어 즐겁게 봉사하고 있다.

17) 톰 A. 스테픈 지음, 『타문화권 교회 개척』, 김한성 옮김 (서울: 도서출판 토기장이, 2012), 377-378.

18) 예를 들어, 2002년 쁘렉아엥 평화교회, 2004년 스누얼 평화교회, 2011년 껌뽕톰 평화교회, 2016년 로까 평화교회, 2018년 뽀은 평화교회 등이다.

제5장

인도네시아 교회 개척

- 깔리만딴 정글 오지 마을 예배당 건축 -

송광옥 선교사(타문화권 선교) 사례

"그러므로 너희는 가서 모든 민족을 제자로 삼아
아버지와 아들과 성령의 이름으로 세례를 베풀고
내가 너희에게 분부한 모든 것을 가르쳐 지키게 하라
볼지어다 내가 세상 끝날까지 너희와 항상 함께 있으리라 하시니라"
(마태복음 28:19-20)

1. 선교사역 소개

1990년 1월 대한예수교장로회 통합 총회(PCK) 선교사로 파송된 송광옥 목사는 32년째 사역하고 있다. 그는 인도네시아 GKSI(Gereja Kristen Setia Indonesia) 교단 및 GDB(Gereja Dayak Borneo) 교단[1)]과 동역하며 현지 사역자와 지도자 재교육, 무교회 지역 교회 개척을 지원하고 있다. 특히 GKSI 교단의 SETIA(Sekolah Tinggi Theologia Injili Arastamar) 신학교[2)]에서 가르치며, 중부와 서부 깔리만딴의 정글 오지 마을과 그 외 지역의 교회 개척과 예배당 건축에 적극 협력하고 있다.

인도네시아는 세계에서 무슬림 인구가 가장 많은 나라이다.[3] 천연자원이 풍부하고,[4] 성실한 노동자들 때문에 많은 나라가 자본을 투자하고 있다. 인구 2억 7천 5백만 명의 인도네시아는 중국-인도-미국을 뒤이어 세계 4위 인구수를 자랑한다. 1인당 국내총생산(GDP)은 4,225달러(세계 136위, 2021년 IMF 자료)이며, 면적은 한국의 19.3배로 13,677개 섬과 400여 종족과 701개 언어로 구성된 다양한 문화, 종족, 종교 그리고 전통이 잘 어우러진 아름다운 섬나라이다. 헌법으로 6개 종교(이슬람, 가톨릭, 개신교, 불교, 힌두교, 유교)를 인정하고 있다.[5]

주목할 점은 인도네시아는 샤리아 법(sharia)이 통치하는 이슬람 국가가 아니라, 사회 민주주의 국가라는 것이다. 역사적으로 보면, 인도네시아에서 기독교는 서구 식민세력(포르투갈, 영국, 스페인, 네덜란드)과 일본의 지배를 받았으며 선교 활동을 전개했기 때문에 복음 전파에 적지 않은 제약을 받았다.

*** 송광옥 선교사 프로필**

- 1986　장로회신학대학교 기독교육과
- 1989　장로회신학대학교 신학대학원(M.Div.)
- 1990~현재　총회 파송 인도네시아 선교사
- 1997　미국 맥코믹 신학교 목회학 박사(D.Min.)
- 1997~현재　자카르타 한인열방교회 담임목사
- 2013　주안대학원대학교 대학원(Th.M./선교학)
- 1994~현재　SETIA(Sekolah Tinggi Theologia Injili Arastamar) 자카르타 신학교 교수

• 2005~현재 SETIA Ngabang, West Kalimantan 신학교 학장

• 2019~현재 주안대학원대학교 Ph.D. Candidate(타문화권 선교)

2. 깔리만딴 뽄띠아낙 임마누엘 교회 소개와 예배당 건축

1) 임마누엘 교회 소개

임마누엘 교회는 GKSI 교단 소속으로 인도네시아 서부 깔리만딴(Kalimantan, 보르네오) 섬 뽄띠아낙에 있다. 이 교회는 1998년 교단의 지역 책임자 스헤르만(Suherman) 목사가 기도 처소로 시작하였으며, 지역전도를 통해 교회를 개척하였다. 교인들의 학력 수준은 초등학교 졸업자 30%, 문맹자 50%, 중졸자 10%, 고졸자 3%이고, 학사학위 소지자는 2%(목사와 사역자)이다. 교인들의 70%가 밭농사에 종사하며, 고무액 채취 농부 10%, 팜유(Palm Oil) 회사에서 노동자나 경비원으로 근무하는 교인들이 20%나 된다.[6] 현재 꾸알라베헤 마을에 거주하는 기독교인 가정은 56세대로 늘어났다. 이 지역에는 마위리타 물림 멀라유 종족(Mawiritas Mullim Melalu)이 거주하고 있으며 약 200가구가 살고 있다.

2) 임마누엘 교회의 예배당 설립 배경

2000년에 스헤르만 목사는 이 기도처를 스티아 신학교를 졸업한 아스낫 피니트(Asnat Finit, 티모르 족속) 여전도사에게 인계하였다. 그녀는 무교회 지역에 들어가 교회를 개척해 나갔는데, 다약족(Suku Dayak)[7]에게 들어

가 헌신적으로 사역하였다. 서부 깔리만딴 꾸알라베헤 면(面)에 24개 교회를 건축했는데., 그중 23개가 한국교회 성도들의 헌금으로 세워졌다.[8)]

1998년 임마누엘 교회는 교인이 여섯 가정이었으나, 2005년에는 21 가정으로 늘어났다. 아스낫 전도사가 교회를 맡은 후 송광옥 선교사가 이곳을 방문했고, 그녀는 목회 비전을 나누는 중에 지역 복음화의 중심 역할을 할 수 있는 예배당 건축의 필요성을 강조하며 도움을 요청하였다. 교회를 세울 지역은 읍 소재지로서 강과 내륙을 잇는 교통 요충지인 강가였다. 지역 생산품 구매를 위해 사람들의 왕래가 빈번한 장소였으며, 이들의 이동 수단은 모터를 달아놓은 나무배였다.

송광옥 선교사는 교회 부지를 준비하라고 요청했고, 아스낫 전도사는 교우들을 설득하여 교회터를 기증받았다. 건축을 위한 기도가 계속되고, 2000년 한국교회 후원으로 99㎡(30평/7x14m) 예배당을 완공하였다. 교인들이 예배당 부지와 노동력(목수)을 제공했으며, 건축용 모래는 인근 강바닥에서 가져왔으며, 목재는 산에서 채취해 사용하였다.[9)] 한국교회는 시멘트, 양철 지붕, 못을 구입하여 제공했으며 공사비 600만 원도 지원하였다.[10)]

이후 출석 교인이 늘어나면서, 기존 예배당 건물로는 전체 예배 인원을 수용할 수 없게 되어 2007년 재건축을 하였다. 그 후에도 꾸준히 성장했기 때문에, 2012년 교회를 더 크게 짓기로 했다. 교회를 새로 건축하는 데는 1,500만 원이 소요되었는데, 현지 교인들이 900만 원을 헌금했으며, 나머지 600만 원은 한국의 한 성도 가정이 후원했다. 콘크리트와 타일 공사를 하였으며, 3년 후인 2015년 헌당예배를 드렸다.[11)] 이후 임마누엘 교회는 새로 개척되는 여러 교회의 모판이 되었다. 현재 교세는 어른 200여

명(56가정), 교회학교 150명이다.[12)]

3. 임마누엘 교회 및 정글 오지의 예배당 건축

임마누엘 교회는 모(母)교회로서 인근 지역 교회 개척에 많은 도움을 주었으며, 지역 사역자들을 섬기는 선교적 교회로서 사명을 감당하고 있다. 처음 개척한 사람은 아스낫 전도사(이후 목사 안수)였고, 결혼 후에 남편 실라 목사가 함께 사역하였으며, 부부 목회자를 통해 지역선교를 추진해 나갔다. 교인들 스스로 헌금하여 교회 인근 부지를 구입하여 학교(유치원, 초등학교)를 세워 지역 복음화에 힘쓸 뿐 아니라, 산간 오지 마을에도 교회와 학교를 계속 세워나가고 있다.

임마누엘 교회는 강가에 위치하며, 내륙으로 들어가는 교우들과 사역자를 위해 온갖 편의를 제공하는 모범적 공동체가 되었다. 이 교회를 모체로 개척된 교회와 학교들은 다음과 같다.

〈표-1〉 꾸알레베헤 읍(邑) 인근에 개척된 23개 교회와 부설 학교[13)]

<table>
<tr><th rowspan="2">번호</th><th rowspan="2">마을</th><th>교회</th><th rowspan="2">번호</th><th rowspan="2">마을</th><th>교회</th><th rowspan="2">번호</th><th rowspan="2">마을</th><th>교회</th></tr>
<tr><th>학교</th><th>학교</th><th>학교</th></tr>
<tr><td rowspan="2">1</td><td rowspan="2">꾸알라 베헤</td><td>임마누엘</td><td rowspan="2">2</td><td rowspan="2">바고</td><td rowspan="2">에파타</td><td rowspan="2">3</td><td rowspan="2">세누앙</td><td rowspan="2">이레니</td></tr>
<tr><td>Arastamar 초등학교*</td></tr>
<tr><td rowspan="2">4</td><td rowspan="2">마라다</td><td>샬롬</td><td rowspan="2">5</td><td rowspan="2">랑삿</td><td rowspan="2">랑삿</td><td rowspan="2">6</td><td rowspan="2">스방아르</td><td rowspan="2">스방아르</td></tr>
<tr><td>Setia 초등학교*</td></tr>
<tr><td rowspan="2">7</td><td rowspan="2">바코이</td><td>샬롬</td><td rowspan="2">8</td><td rowspan="2">셍꾸루</td><td rowspan="2">샬롬</td><td rowspan="2">9</td><td rowspan="2">앙까방</td><td>샬롬</td></tr>
<tr><td>스티아 초등학교*</td><td>교회 내 초등학교**</td></tr>
<tr><td rowspan="2">10</td><td rowspan="2">무운</td><td rowspan="2">샬롬</td><td rowspan="2">11</td><td rowspan="2">바티</td><td>마라나타</td><td rowspan="2">12</td><td rowspan="2">엠뻐삭</td><td rowspan="2">샬롬</td></tr>
<tr><td>바티 초등학교**</td></tr>
<tr><td>13</td><td>세헤</td><td>샬롬</td><td>14</td><td>벵가완 암파르</td><td>샬롬</td><td>15</td><td>루마르</td><td>시온산</td></tr>
<tr><td rowspan="2">16</td><td rowspan="2">이뿌</td><td rowspan="2">이뿌</td><td rowspan="2">17</td><td rowspan="2">스마로</td><td>마라나타</td><td rowspan="2">18</td><td rowspan="2">파닛</td><td rowspan="2">샬롬</td></tr>
<tr><td>스티아 초등학교*</td></tr>
<tr><td rowspan="2">19</td><td rowspan="2">바짱</td><td>아가페</td><td rowspan="2">20</td><td rowspan="2">운세</td><td>샬롬</td><td rowspan="2">21</td><td rowspan="2">라얀</td><td>샬롬</td></tr>
<tr><td>아라스따마르 초등학교*</td><td>아라스따마르 초등학교**</td><td>아라스따마르 초등학교**</td></tr>
<tr><td>22</td><td>망감</td><td>샬롬</td><td>23</td><td>셍꾸르</td><td>샬롬</td><td></td><td></td><td></td></tr>
</table>

* 학교 건물, ** 교회 내 학교

1) 꾸알라베헤 임마누엘 교회의 예배당 건축 과정

아스낫-실라 목사 부부는 꾸알라베헤 인근에 교회 개척을 위해 모교회인 임마누엘 교회 도움을 받았으며, 한국교회의 도움도 받아 오지 마을에 여러 교회를 건축하였다. 이 교회는 GKSI 교단의 꾸알라베헤 시찰 중심센터로서 현지 목회자를 위한 재교육과 훈련을 감당하고 있다. 이러한 노력으로 1990년 인도네시아 서부 깔리만딴 복음화율은 5%에 불과했지만, 2018년에는 40%로 급증하였다. 이처럼 깔리만딴 복음화는 송광옥 선교사가 사역하는 스티아 신학교에서 배출하는 신학생들을 통해 지금도 계속되고 있다.

송광옥 선교사는 교회가 세워져 있지 않은 마을에 교회를 개척하기 위해 현지교회가 더 노력해야 한다고 생각한다. 위의 23개 교회 사역자들은 오지 마을로 들어가 교회를 개척하는 일을 지금도 감당하고 있다.[14)]

2) 바짱(Bacang) 아가페 교회 예배당 건축 과정

바짱 마을에 세워진 GKSI 교단 소속의 아가페 교회는 2007년 당시 시찰장이던 실라스 므나오(Silas Mna'o) 목사에 의해 기도처로 시작되었다. 이 교회는 꾸알라베헤에서 배로 4시간, 혹은 사륜구동 자동차로 4시간, 오토바이로 5~6시간을 가야 하는 오지에 있다. 교인들의 학력은 초등학교 졸업 80%, 중학교 졸업(SMP) 10%, 고등학교 졸업(SMA) 9%, 대학 졸업자(학사) 1% 등이다. 대부분의 교인들은 농업과 고무나무 재배에 종사한다.

실라스 목사가 전도하여 교인들이 생겨났고, 한국교회가 예배당 건축을 후원하였다. 바짱 교회는 73㎡(22평/6x12m) 규모로 건축되었는데, 예배당 부지, 모래와 목재 그리고 노동력(목수)은 현지교회가 제공하였고, 시멘트, 양철 지붕과 못 등의 건축 자재는 한국교회가 제공하였다. 건축비는 600만 원[15)] 들었으며, 교인들이 건축사재를 오토바이로 실어 날랐다.[16)]

임마누엘 논(Imanuel Non) 전도사는 2009년 신학교 졸업 후 이곳에 부임하였고 같은 신학교를 졸업한 여전도사와 결혼하였다. 이들 전도사 부부는 교사 자격증(종교 교사)을 가지고 있었기 때문에, 교회에서 아이들을 위한 교육사업을 시작하였다. 정식 교사 두 명이 있다는 소식을 들은 면장이 군에 보고하여, 정부에서 학교를 지어 주었다. 학교가 들어올 수 없는 상황이었는데, 학교가 건립되고 국가교사 자격증을 가진 사람들이 가르치면서 마을 주민들은 이를 환영하였다.

이후 마을 주민 대부분이 개신교로 개종하였으며, 산속 오지 주민들도 이주해 내려왔는데, 그 이유는 학교가 세워졌기 때문이다. 교회와 학교는 동반 성장하였고, 마을의 60가정 모두가 예수를 믿으며, 자녀들도 모두 교회 다니는 예수마을로 변하였다. 인도네시아 국영방송국에서 산골 오지 마을의 아이들에게 훌륭한 교육을 시키고 있는 모범사례로 바짱 마을의 아라스따마르 초등학교를 두 번이나 취재하여 방영하였다. 그 와중에 목사 부부의 학력(신학교 졸업)과 학교 옆에 교회도 자연스럽게 방송을 타게 되었다.

이후 교인 수가 증가하여 2016년 예배당 재건축 논의가 시작되었으며, 291㎡(88평/12x24m) 규모로 시작된 교회 건축은 지금도 계속되고 있다. 2018년 첫 번째 예배당을 지어 준 한국교회가 재건축 소식을 듣고 1,000만 원을 지원했는데, 이는 전체 공사비의 25%에 해당하는 금액이다. 2021년 현재 전체 공정의 70%가 진행되었고, 현재 미완공된 예배당에서 예배를 드리고 있다.

3) 벳새다 교회 예배당 건축 과정

2007년 시작된 벳새다 교회는 전임사역자 후임으로 기혼 나부(Gihon Ne Nabu) 전도사(이후 목사 안수)가 부임하였으며, 5명 교인으로 시작하였다. 기혼 목사(40세, 서티모르 섬 출신)는 기혼자이며, 기독교 종교교육, 신학석사(Th.M.), 교육학 석사를 취득했다. 서부 깔리만딴 뽄띠아낙에 있으며, 교인 40가정에 근로자 및 도시 일용직 노동자가 대부분이며 경제 소득이 낮다.

① **교회 설립 과정**

기혼 목사는 2010년 6월에 결혼하고 나서 10월 신혼집에서 유아, 유치 교육을 시작했으며, 5년 동안 장소를 빌려서 주일 예배를 드렸다. '귀신 나오는 집'으로 소문나 있어 저렴하게 나온 작은 집을 임대했는데, 5년 동안 정규예배 외에 기도, 금식, 철야 기도회를 갖기도 했다. 2013년에 한 중학교 교사가 자녀 학비 마련을 위해 급하게 땅을 팔아야 했다. 기혼 목사는 당시 매물로 나온 231㎡(70평/10x23m) 크기의 땅을 구입했다. 2천만 루피아(2,000달러) 시세의 땅인데 할부로 구입하였다. 예배당 건축을 위한 부지는 구했지만, 교인들은 건축을 시작할 엄두도 못 내고 하나님께 기도하며 기다리고 있었다.

그러던 중 2014년 송광옥 선교사를 만난 교인들은 유치원과 교회 건물이 필요함을 간청하였다. 선교사는 예배당을 건축할 땅이 있는지 물었고, 예배당 부지는 교인들이 준비하겠다고 했다. 마침내 한국교회의 재정 지원으로 146㎡(44평/8x18m) 규모의 교회 건물을 지을 수 있었다. 교회 부지는 현지교회가 구입했고, 한국교회가 건축비(1,000만 원) 지원을 했다.[17] 유급 목수 1명 외에는 교인들이 노동력을 제공하였다. 한국교회가 공사비 70%, 현지교회가 30%를 부담한 셈이다.

② **교회 부설 학교의 성장을 통한 교회 성장**

교회 건축 후 교육, 선교, 봉사 프로그램을 통해 교인 수가 증가하고 있으며, 학교들을 통해 부모들이 교회 봉사에 참여하기 시작하였다. 처음에 유아, 유치부 어린이들을 목회자 집에서 가르쳤는데, 아이들이 초등학생이 되자 이들을 예배당에서 가르치기 시작하였다. 뽄띠아낙에 도시 빈민 아이들이 많아서 학교는 계속 성장하고 있다.

2007년 유아교육 관리를 위한 플레이그룹을 설립하였으며, 2014년 세티아 아라스타마르(Setia Arstamar) 교육 법인도 설립하여 운영하고 있다. 2013년 기독초등학교(SDTK), 2014년 기독중학교(SMPTK), 2017년에 기독고등학교를 설립하였으며, 2020년에 SMAK신학교도 설립하여 운영하고 있다.

〈표-2〉 세티아 학교의 재학생과 교사 현황

	유아 · 유치(2007)	초등학교(2013)	중학교(2014)	고등학교(2017)	신학교(2020)
교사	3	12	13	18	15
학생	25	94	93	30	30(실습생 포함)

(　): 설립연도

플레이그룹(KB), 유치원(TK), 기독교신학 초등학교(SDTK), 기독교신학 중학교(SMPTK), 기독교 종교고등학교(SMAK) 등의 각종 미션 스쿨은 교육을 통해 학생들을 주께로 인도하는 목적으로 설립되었다. KB, TK, SDTK, SMPTK, SMAK 레벨의 MISSION TOOLS(SETIA School)는 다른 기독교 사립학교와 비교해 학비가 매우 저렴하며 더 많은 학생과 학부모에게 다가가려고 노력하고 있다. 3개월에 한 번씩 진행되는 강의, 종교 활동, 지역 콘텐츠, 육아/부모/보호자 모임 교육을 통해 학생들과 부모 및 보호자는 어릴 때부터 하나님만 의지하며, 교육을 시작하도록 동기를 부여받는다. SETIA School Pontianak(KB/TK/SDTK/SMPTK/SMAK)에서 공부하는 대부분의 학생들은 비기독교 집안에서 태어난 아이들이다.[18)]

2021년 학교 건물 건축을 후원하던 한국의 두 권사가 소속된 교회에서 이 학교의 폭발적 성장을 보고 강의실, 도서실, 기숙사 건축을 지원해

주기로 결정했다.[19] 이후 학교 부지는 현지 법인이 구입하였으며, 학교 운영은 한국교회의 지원을 받고 있고, 5~6년 내 자립 계획을 세우고 있다. 자립을 위해서는 학비를 더 받는 것과 교사 수준과 학업의 질을 높여야 한다. 현재 특화된 교육활동을 준비하고 있으며, 교회 안에 학교를 세웠는데, 학교가 성장하면서 교회도 동반 성장하고 있는 점은 주목할 만하다.

벳새다 교회의 기혼 목사 부부 사례비는 현지 성도들이 감당하지 못하여, 학교에서 생활비 보조를 하고 있다. 시골 오지에서 온 학생들이 목사 사택에서 기거하고 있으며, 아직까지 교회는 자립 단계에 이르지 못하고 있다.[20]

4. 정글 오지 교회 개척과 예배당 건축

1) 예배당 건축 과정 10단계

송광옥 선교사는 서부 깔리만탄에서 다음의 방식으로 교회 개척과 예배당 건축을 하고 있다.

1단계: 오지 마을에 신학생을 파송하며 전도 시작(기도처)
2단계: 교단 지역 책임자의 예배당 건축 지원 요청서 접수[21]
3단계: 건축을 지원하기로 하면, 예배당 부지 현장 답사
4단계: 한국 후원교회와 건축할 현지교회 연결
5단계: 현지교회가 예배당 부지를 준비할 때까지 기다림
6단계: 교단 책임자와 현지 사역자를 통해 건축 시작[22]

7단계: 완공 후 헌당 예배에 한국교회 후원자 초청

8단계: 건축 후, 한시적으로 현지 목회자 사역비 지원[23)]

9단계: 선교사-현지 목회자 관계 지속(지도자 훈련)[24)]

10단계: 현지교회를 후원한 한국교회에 정기 보고

2) 송광옥 선교사의 정글 오지 마을 교회 개척 및 예배당 건축 매뉴얼

1. 선교사가 예배당 건축을 주도하면 안 된다.
2. 현지 교인들 스스로 책임감을 갖고 전도하게 한다.
3. 교회 개척을 위해 사역자를 파송해 1년간 전도하게 한다.[25)]
4. 현지교회가 예배당 건축 부지를 마련할 때까지 기다린다.
5. 현지 교인들이 건축헌금을 한 이후, 부족분을 지원한다.[26)]
6. 건축된 교회가 오지에 다른 교회를 세우도록 격려한다.
7. 현지 교인들 스스로 목회자 사례비를 감당하도록 자립 의식을 고취시킨다.
8. 선교사는 한시적으로 지원하고, 현지교회가 자립하도록 교육한다.
9. 작은 예배당을 건축하고, 교인들이 늘어나면 큰 예배당을 건축하게 한다.[27)]
10. 현지교회가 유치원이나 교회 부설 학교를 설립하도록 권면한다.

5. 선교지 예배당 건축을 위한 제언

송광옥 선교사는 지난 32년 동안의 교회 개척과 예배당 건축 경험을 바탕으로 다음과 같은 교회 개척 방안을 제시한다.

첫째, 신학생을 정글 오지 마을에 보내 1년 동안 전도 실습을 시키라. 송광옥 선교사는 현지 신학교에서 '교회 개척학'이나 '선교학' 과목을 강의할 때마다 마태복음 28:19-20, 마가복음 16:15-18을 언급하며, 복음전도와 교회 개척을 강조하였다. 신학생들이 졸업하기 전에 오지 마을에 들어가서 1년간 전도하며 교회를 개척하도록 훈련시켰다.[28)]

둘째, 신학교 졸업생을 교회를 건축할 마을에 파송하여 교회를 조직하라.[29)] 전도를 통해 얻게 된 사람을 다리(bridge)로 삼아 개척자로 세웠다. 신학교의 교육목적과 선교사역의 주안점은 오지 마을에 교회를 개척하는 데 있었고, 그간에 별다른 어려움 없이 현지 교인들과 '함께' 교회를 설립하고 예배당을 건축하는 일에 협력해 왔다.

셋째, 현지교회가 예배당 부지를 준비한 후, 건축 지원을 시작하라. 선교사는 반드시 현지교회가 교회 부지를 준비하도록 하였다. 또한 예배당 부지에 대한 소유권 이전 등기를 확인한 후에 건축을 지원하였다. 이러한 원칙을 고수했기 때문에 재산권 분쟁(사고)가 발생하지 않으며, 현지 교인들에게도 건축헌금에 참여할 동기를 부여해 주었다.[30)]

넷째, 예배당 건축 지원 시, 가급적 건축 자재만을 지원하라. 현지 교인들이 강(江)모래와 목재를 제공할 뿐 아니라, 목수와 기술자로도 봉사하게 하였다.[31] 최근에는 자연훼손 때문에 나무를 함부로 벨 수 없어서, 교회 기둥과 벽 공사에 필요한 시멘트와 양철 지붕, 못, 벽돌 등의 건축 자재만을 지원해 주었다.

다섯째, 현지교회 사역자를 통해 예배당 건축을 시작하라. 현지인이 현지 일꾼들을 감독하는 것이 가장 효과적이기 때문에, 현지교회 감독자(노회장, 시찰장, 담임목사)에게 건축을 맡긴다.[32] 선교사가 오지의 건축 현장을 찾아가는 데에도 많은 경비와 시간이 소요되기 때문에 교단 책임자들의 도움을 받는 것이 좋다.[33]

여섯째, 예배당이 세워질 지역에 따라 한국교회와 현지교회의 부담 비율을 정하라. 건축비 규모에서 오지교회 개척과 도시교회 개척은 다를 수밖에 없다.[34] 도시교회 개척에는 많은 경비가 소요된다. 정글 오지 예배당 건축의 경우에[35] 지역 수준보다는 좀 더 고급스럽게 지을 필요가 있으며, 이 경우 전체 건축비의 60~70%를 지원한다.[36]

일곱째, 신도시 외곽 및 정글 오지에 교회 개척과 예배당 건축을 시도하라. 인도네시아에서는 지역 주민 30가정 이상의 동의를 얻어야 교회를 세울 수 있어서 도시교회 개척은 어렵다.[37] 그러므로 도시교회 건축은 기존 교회 리모델링으로 추진하고, 신도시 개발 예상 지역[38]을 선점하고 교회를 설립하는 선제적 대응 방안을 모색해야 한다.[39]

여덟째, 학교가 없는 곳에 교회를 세우고, 교회 내에 학교를 시작하라. 학교가 있는 곳에 개척을 시작할 수 있다. 만약 학교가 없다면, 교회를 세우고 주일 예배를 드리면서, 교회 건물을 이용하여 유치원과 초등학교를 시작하는 것이 좋다. 교회가 세워져 있지 않은 지역에 교회를 개척할 때, 종교 교사 자격증이 있는 사역자를 보내면 쉽게 학교를 시작할 수 있으며 이를 바탕으로 교회도 세울 수 있다.[40)]

아홉째, 예배당 건축 후에 한국교회 후원자들을 헌당 예배에 초청하라. 현지 교인들이 교회 부지 헌납, 건축헌금, 재능 기부(노동력과 전문 기술) 등 어떤 방식으로든 건축에 참여해야 교회를 사랑하게 된다. 현지교회와 한국교회의 협력을 통한 예배당 건축방식이 이후 현지교회에 널리 알려져서 현지 교인들은 이를 당연하게 받아들이게 되었다.

열째, 예배당 건축 후에 선교사는 현지교회 담임목사로 사역하지 마라. 인도네시아는 선교사가 현지교회 담임을 할 수 없도록 법으로 규정하고 있다. 선교사는 신학교 교수 외에는 할 수 없으며, 가끔 현지교회에서 설교는 할 수 있으나 교회 직책은 맡을 수 없다. 그러므로 선교사는 현지 사역자에게 처음부터 교회를 이양하지 않을 수 없는 상황이다.

열한째, 후원으로 건축된 현지교회가 다른 지역에서 교회 개척을 시도하도록 도전하라. 현지 사역자의 개척 의지가 매우 중요하다. 100% 외부 후원으로 건축된 교회는 빠른 시일 안에 교회가 없는 지역으로 가서 교회를 개척하는 경우를 꾸알라베헤 교회를 통해 확인할 수 있다. 후원을 받은 교회들도 감사하고 빚진 마음을 갖고 있기에 선교사는 교인들에게 권면해야 한다.

6. 송광옥 선교사 사역 평가

송광옥 선교사는 자카르타 근교에 한인열방교회를 개척하고 담임목사로 섬기면서, 세계 최대의 열대 우림지 서부 깔리만딴(보르네오) 오지 마을에 교회 개척과 예배당 건축 사역을 계속해 나가고 있다.[41] 현재 인도네시아 서부 깔리만딴에는 약 450만 명이 거주하고 있는데, 전에 정령숭배자들(animist)이 넘쳐나던 산간 오지 마을에 기독교인들이 생겨나고, 교회가 들어선 곳이 많다. 사역 초기에 5%에 불과하던 이곳의 기독교 인구가 현재 40%로 늘어났다.[42]

현지교회와 현지 사역자 자립은 중요한 문제이다. 교인들 스스로 재정적 책임을 감당하도록 자립 의지를 강화시켜야 한다. 흥미로운 점은 초기 한국교회 성도들처럼 현지 교인들도 헌금뿐 아니라 성미, 수확물(과일, 채소 등)을 헌납할 줄 안다는 것이다. 송광옥 선교사는 장기 자립전략의 하나로 자신이 사역하는 신학교 졸업생들이 '종교 교사 자격증'을 취득하도록 계도한다. 졸업하고, 오지에 들어가서 종교 교사로 일하면서 국가로부터 봉급을 받을 수 있기 때문이다.[43]

송광옥 선교사의 정글 오지 마을 교회 개척과 예배당 건축은 이슬람의 영향력이 강하게 미치지 못하는 지역을 겨냥한 틈새 전략이라고 평가할 수 있다.[44] 즉 무슬림이 다수인 지역에서 전략적인 선택과 집중을 통한 효과적인 교회 개척 방법을 보여주고 있기 때문이다. 종합하면, 송광옥 선교사는 현지인이 주도적으로 전도하며(자전), 교회를 개척하며, 예배당을 세워나가고, 책임을 지고 목회자의 생활비를 후원하며(자립), 인도네시아 전역의 복음화를 위해 노력할 것을 권면하고 도전하고 있다.

1) 깔리만딴 섬의 원주민 다약(Dayak) 족속이 세운 교단
2) SETIA신학교 설립목적은 인도네시아 오지 마을에 교회를 세워 정령숭배에서 벗어나 하나님을 예배하게 하는 데 있다. 전국에 22개 분교가 있으며, 2년간 공부를 마치면 오지에 가서 1년간 전도실습을 해야 한다. 모든 신학생은 기숙사에서 생활하며, 5년간 장학금으로 공부한 졸업생들은 교단이 지정한 오지 마을에서 3~5년 사역해야 졸업장을 받을 수 있다. 5년 후에는 교육의 기회가 주어진다. 송광옥, "땅끝에서 온 편지(5): 사역의 확장을 꿈꾸며," 『한국기독공보』 (2015년 1월 26일).
3) 총인구 2억 7,223만 중에 기독교가 11%(개신교 2,040만, 가톨릭 842만)이며, 기독교인 수가 매년 증가하고 있다. "이슬람 국가 인도네시아, 기독교인 증가세…. 인구의 10.58%," 「크리스천투데이」, 2021.10.06. https://www.christiantoday.co.kr/news/342977
4) 석유, 광석, 나무, 식물 등
5) 2021년 10월 현재 인도네시아에 한국 선교사 400여 가정이 사역하고 있다.
6) 교회가 위치한 지역에 팜유 회사가 설립되면서 오지에서 읍(邑) 지역으로 이주해온 교인들이 많았다.
7) 16세기에 깔리만딴 해안지역의 이슬람화가 시작되었으나, 산지 족인 다약족은 이에 저항하며 정령숭배자(animist)로 계속 존재했다. 19세기 이후 개신교 선교사들(독일 Rhenish Missionary Society와 스위스 Basel Mission)의 노력으로 다약족 절반이 기독교로 개종하였다.
8) 송광옥, "땅끝에서 온 편지(6): 현지인 사역자들의 헌신과 수고," 「한국기독공보」 2015년 2월 2일.
9) 선교사는 정글 오지교회가 교회 부지, 나무, 하천 모래를 준비하면 예배당을 지어 주는 원칙을 고수하였다.
10) 이 교회는 한국교회 지원 70%와 현지교회 부담 30%로 건축되었다.
11) 현지교회가 건축비 60%를 부담하였고, 40%는 한국교회의 후원으로 건축하였다.
12) 교인들 수입이 일정치 않아 목회자 사례비를 고정적으로 드릴 수 없어 곡물을 드리는 경우가 많다.
13) 23개 교회 중에 12개에 '샬롬' 이름이 들어가 있는데, 이는 한국에서 건축비를 지원하여 세워진 교회들이다.
14) 이 지역을 기초로 한국교회가 인도네시아 전역의 350여 오지 마을에 교회를 건축하였다.
15) 읍에서 너무 멀리 떨어진 마을이라 600만 원은 건축 자재 운송비로 대부분 지출되었다.
16) 마을 입구에 세워진 작은 다리는 자주 부서지고, 우기 때는 끊어지곤 하여 방문에 어려움이 많았는데, 이후 자동차가 들어갈 수 있는 도로가 닦여졌다.
17) 뽄띠아낙을 방문한 한국교회 목사님이 은퇴 기념 감사헌금을 하여 지어졌다.
18) 이 지역의 종교 통계는 이슬람 85%, 천주교 5%, 개신교 5%, 불교와 유교 5%이다.
19) 한국교회 두 권사님의 헌금(3,500만 원)으로 학교 건물을 건축하였다.
20) 교회와 학교 주변 지역에서 사역하고 있는 예장 통합 선교사 2가정(공성일, 전영욱)이 이들을 영적으로 돌보며 동역하고 있다.
21) 지원 요청서에는 건축 예정 지역의 인구, 종교, 학교, 생활기반 시설 현황이 포함되어 있다.
22) 현지교회에 건축비를 보냈는데, 사택 건축비로 전용하여 사용한 예도 있었다. 목회자 사택은 교인들 자력으로 건축하도록 권면하며, 예배당 건축을 강조한다.

23) 생활비가 아니라, 교회 개척을 위한 전도비(오토바이 기름값, 식대, 신학교 전도 실습 교육비)로 3~5년 지원한다. 이후 후원교회 동의하에 다른 개척사역자를 돕는다. 오토바이 사고가 나서 사역자 남편이 사망하고, 부인 사역자가 사역을 계승하는 경우에는 자녀들 나이에 따라 더 후원하기도 한다.

24) 선교사는 현지교회 건축을 지원한 후에도 지도자 훈련과 신학교 사역을 통해 현지 목회자와 친밀한 관계를 유지하며 소통을 계속해 나가고 있다.

25) 신학교 재학생과 졸업생을 오지 마을에 보내 교회를 개척하게 한다.

26) 예배당 건축 후에 한국 후원교회 이름을 가급적 붙이지 않는다. 교회의 기념사업으로 지원하는 경우에는 현지어로 번역해서 붙이거나 성경적 이름을 붙이기도 한다.

27) 오지 마을은 나무와 잎을 엮어 예배당을 짓는다. 최소 경비로 세울 수 있지만, 몇 년이 지나면 지붕이나 건물 기둥이 벌레로 인해 썩어 붕괴된다. 그래서 시멘트, 벽돌, 양철 지붕 예배당을 건축한다.

28) 오지 사역자들이 마을을 정하면, 신학교 재학생을 그 마을에 보내 1년씩 살게 하는데, 총 3~4년에 걸쳐 교회 개척을 한 후에, 신학교 졸업생을 파송한다. 졸업생이 그 지역에 성공적으로 안착하면, 현지인이 땅을 기증하게 하고 예배당 건축을 준비한다. 이후 교단이 요청해오면, 선교사는 한국의 후원교회와 연결해준다.

29) 오지에는 싱글 사역자를 보내며, 교회가 안정되면, 결혼하여 정착하거나 기혼 사역자를 파송한다.

30) 한국교회 후원으로 건물을 지었다는 소식을 듣고 예배당을 세워달라고 요청하는 현지 교인들이 생겨나기 시작했다. 그러나 정글 오지교회가 개척에 필요한 교회 부지, 목재, 목수, 모래 등을 준비하면, 건축을 지원하는 원칙을 고수하기 때문에, 현지인들이 먼저 준비하고 요청하는 경우가 많았다.

31) 현지 교인들도 건축에 헌금하거나 노력 봉사를 하게 하면, 교회에 더 많은 관심을 두게 된다. 오지에는 교회 헌금 수입이 거의 없으므로, 건축 후에도 교회 건물 관리(수리와 페인트칠)에 어려움이 적지 않다.

32) 현지 목회자는 지역장께 보고하고, 지역장은 건축 자재를 구매하여 감독한다. 현지 사역자는 지역장 지시에 순종하고, 지역장은 선교사가 자신을 믿어주는 것 때문에 열심히 일한다. 현지 사역자들을 통해 건축을 하면 건축비를 부풀려 부당 이익을 취하지 못한다.

33) 초기에 선교사는 예배당 건축지에 머물면서, 현지 건축 자재상을 열심히 드나들며 공사 감독을 했지만, 외국인이기 때문에 속이는 것을 막을 수 없었다.

34) 시골에 비해 도시교회 자립 속도가 훨씬 빠르다. 시골에서는 농사를 지어야 헌금할 수 있지만, 도시는 매월 수입이 있으며, 헌금 액수도 많다. 그러므로 사역자의 은사에 따라 개척지(도시, 시골)를 정해야 한다.

35) 신학생들은 졸업한 후에 오지 마을에 들어가서 교회를 개척한다. 이들이 1년 동안 10~20개 예배당을 건축하였으며, 지금까지 350개 정도를 세웠을 것으로 추정된다.

36) 오지 마을 건축 시에 공사비 70% 정도를 지원하며, 한국교회가 원하여 100% 지원한 예도 있었다. 이 경우에도 현지교회가 교회 부지를 제공했기에 한국교회가 전액 지원한 곳은 없었다. 총건축비보다 후원 액수가 적으면 4~5년 걸려 건축하기도 한다(예: 신학교 채플).

37) 오지 마을에도 주위에 이슬람 사원(masjid, 모스크)이 없어야 교회 개척이 가능하다. 모스크가 있으면 교회설립이 쉽지 않다.

38) 서부 깔리만딴의 뽄띠아낙(Pontianak)에 교회를 개척하고 헌당 예배를 드렸다. 2개월 후, 가까운

곳에 모스크가 세워졌는데, 만약 모스크가 먼저 세워졌다면, 교회 건축은 불가능했을 것이다.

39) 가톨릭 성당이 있는 지역에도 교회 건축이 어렵다. 오지 골짜기에는 샤머니즘, 애니미즘, 종족종교 영향이 강하다.

40) 3~4시간씩 걸어서 등교해야 하는 오지 마을에 교회를 세우되, 기독교인 종교 교사가 있어야 한다. 교회 건물에서 학교를 시작하면, 정부는 교사를 구할 수 없는 곳에 들어와 있는 기독 교사에게 봉급을 지불한다. 주민들은 학교가 세워져서 좋아하며, 교회가 학교로 사용되므로 무슬림들도 교회설립을 거부감 없이 받아들인다.

41) 선교사는 자신이 가르친 현지 사역자들이 정글 오지 마을에 들어가 헌신된 사역자가 되기를 바란다.

42) "선교사는 동료 선교사도 잘 만나야 하지만, 특별히 현지인 사역자를 잘 만나야 한다. 초기 한국교회 성도들이 선교사들을 열심과 특심으로 도왔기 때문에 한국교회가 성장할 수 있었다." 송광옥, "땅끝에서 온 편지(6): 현지인 사역자들의 헌신과 수고," 「한국기독공보」 2015년 2월 2일. http://www.pckworld.com/article.php?aid=6681614726

43) 인도네시아 학교 커리큘럼에 '종교 수업'이 필수로 들어있어 모든 학교는 종교 교사를 채용해야 한다.

44) 2019년 6월 변창욱 교수가 '선교현장 연구와 실습' 과목의 하나로 장신대 신대원 선교팀(선교사파송연구회)을 인솔하고 공성일 선교사의 도움으로 깔리만딴(뿐띠아낙) 정글 오지를 방문했을 때, 마을 중심부에 모스크는 없고, 교회가 우뚝 서 있을 뿐 아니라 많은 주민이 교회에 나오는 모습에 감동하였으며, 온 동네가 기독교 마을 같았다.

제6장

콜롬비아 교회 개척

- 현지인 사역자를 통한 예배당 건축 -

김위동 선교사(타문화권 선교) 사례

"아버지여, 아버지께서 내 안에, 내가 아버지 안에 있는 것 같이
그들도 다 하나가 되어 우리 안에 있게 하사
세상으로 아버지께서 나를 보내신 것을 믿게 하옵소서"
(요한복음 17:21)

1. 선교사역 소개

김위동 목사는 1987년 6월 대한예수교장로회 통합 총회(PCK) 선교사로 남아메리카 콜롬비아[1] 수도 보고타에 파송된 이후 34년간 사역하였다. 현지 도착 후 2년 8개월 동안 보고타(Bogota) 한인연합교회 담임으로 목회하면서 스페인어 공부와 현지 적응 기간을 가졌다. 한인교회는 주일 오후 2시에 예배를 드렸고 약 50명(청장년, 어린이)이 출석하였다. 한인교회를 담임하는 동안 사례비는 받지 않았으며 교회의 모든 헌금은 예배당 건축비로 적립하였다. 1989년 12월, 대지 165㎡(약 50평) 2층 건물을 25,000달러에 구입하였다. 1990년 3월 한인교회를 사임하고 현지 선교에 전념하였다.

콜롬비아 장로교회(Iglesia Presbiteriana de Colombia/IPC, Presbyterian Church of Colombia)는 1856년 미국 북장로교 해외선교부가 헨리 프랫(Henry Barrington Pratt)을 파송함으로써 시작되었다. 이처럼 콜롬비아 장로교회는 한국 장로교회보다 30여 년 앞서 개신교 선교사가 왔으며, 김위동 선교사가 도착했을 때 인구 6백만 명의 수도 보고타에는 장로교회가 8개 밖에 없었다.[2)]

*** 김위동 선교사 프로필**

- 1979.02 부산대학교 사범대학 과학교육학과
- 1982.02 장로회신학대학교 신학대학원(M.Div.)
- 1982~1983 서울 영락교회 심방전도사
- 1984.01~1985.12 서울 양지교회 담임목사
- 1986.01~1987.05 서울 영은교회 부목사
- 1987.06~2021.05 총회 파송 콜롬비아 선교사
- 1987.06~1990.03 보고타 한인연합교회 담임목사
- 1991.01~2000.12 싼타루스 장로교회 개척/담임목사
- 1996~1998 라파스 교회 개척과 예배당 건축
- 2009.09~2017.12 보고타 한인연합교회 담임목사[3)]
- 2014~2016.05 로스 알페스 장로교회 건축
- 2011.10~2013.12 치아교회 개척 협력
- 2013.02~2018.10 시바떼 장로교회 개척 협력
- 2019.03~2022.06 장신대 기독교와 사회대학원(M.A./선교신학) 논문 학기

2. 현지 목회자를 통한 개척 사례

김위동 선교사는 초기에 현지인을 통한 개척교회를 세 번 시도했는데 모두 1년여 만에 실패하였다. 그 이유는 콜롬비아의 노동법(고용법)을 잘 몰랐기 때문이다.

1) 시몬 볼리바르 장로교회

김위동 선교사는 보고타 한인교회를 담임하고 있던 1990년 1월 첫 번째 교회를 개척하였다. 보고타 북쪽 시몬 볼리바르(Simon Bolivar) 지역에 작은 집을 월세 100달러에 얻어 예배 처소로 사용하였다. 콜롬비아 장로교회 센트로노회(보고타 지역 노회)의 제2장로교회 담임 미사엘 아쎄로(Misael Acero) 목사의 추천을 받은 현지인 사역자 밀턴(Milton) 전도사에게 월 100달러를 지원하며 교회를 개척하도록 하였다. 콜롬비아는 우리나라보다 고용에 관한 법령이 매우 까다로웠다. 현지인 사역자 한 명을 채용하면, 그 사람에게 최저 월급, 휴가, 의료보험, 상여금, 퇴직연금까지 챙겨줘야 했다.

다시 말해, 현지 사역자에게 약속한 월 100달러뿐 아니라 위의 혜택들도 제공해야만 한다. 특히 보험이 가장 예민한 사안인데, 선교사는 이러한 내용을 전혀 알지 못했다.[4] 당시에 선교사는 월 1,300달러를 선교비로 받았는데, 이 금액으로 주택비, 생활비, 자녀 교육비(2명) 그리고 선교비를 지출해야만 했다. 현지 사역자 후원을 월 100달러로 정한 것도 그 이상 도울 수 있는 재정적 여유가 없었기 때문이다. 결국, 밀턴 전도사를 통해 개척한 교회는 1년을 넘기지 못하고 문을 닫고 말았는데, 선교사가 콜롬비아 노동법에 무지했기 때문이었다.

2) 라메사 장로교회

1990년 9월 콜롬비아 최초의 한국 선교사 김경하 목사(1984년 4월 도착)의 제안으로 보고타에서 65km 떨어진 꾼디나마르카(Cundinamarca) 주의 라메사(La Mesa)에 두 번째 교회를 그와 함께 개척하였다. 현지 교인을 통해 소개받은 니라이 윌리엄(Nirai William) 목사를 고용하여 목회하도록 했다. 월 생활비 지원은 약속하지 않고, 월 100달러를 교회 헌금으로 지원하기로 했다. 교회의 헌금 수입은 사역자 생활비로 하고, 모든 헌금은 윌리엄 목사가 관리하고, 재정은 노회에 보고하도록 했다. 김경하 선교사와 김위동 선교사 가정이 매달 50달러씩 부담하였다. 김경하 선교사는 4개월 후에 안식년을 가지게 되어 이후 김위동 선교사 혼자서 감당하였다.

라메사 시는 수도 보고타에서 자동차로 2시간 반 거리에 있다. 선교사는 1년 동안 라메사 교회에 필요한 예배용 의자, 성경, 교육 자료 등을 지원했다. 한인 청년들의 도움을 받아 찬양부흥회도 하였다. 1년 만에 교인들이 30명 정도 모였다. 그런데 1년이 지나자 윌리엄 목사가 선교사를 노동법 위반으로 지방 노동청에 고소하는 사건이 발생했다. 출석명령을 받고 노동청에 변호사와 함께 가서 1년 동안 윌리엄 목사를 월 100달러씩 후원했을 뿐 아니라, 여러 물품과 헌금으로 도와준 사실을 입증해야만 했다. 이 일로 인해 라메사 교회와의 후원 관계는 정리되었으며, 그 후 윌리엄 목사는 5년간 더 목회를 하였다. 이 교회는 현재까지도 콜롬비아 장로교회(IPC) 남노회 소속으로 남아있다.

3) 호세 호아낀 바르가스 장로교회

1991년 1월, 보고타의 호세 호아낀 바르가스(Jose Joaquin Vargas) 지역에서 세 번째 교회를 개척하였다. 개인적으로 친분이 있는 현지 교인을 통해 소개받은 노에 가르시아(Noe Garcia) 전도사가 목회하였다. 작은 집을 월세로 얻어 전도사 가족(부인과 아이 2명)이 살게 하고, 차고를 예배실로 개조하여 사용하도록 했다. 주일 예배에 교인 20여 명이 모였다. 월 사례비로 100달러를 지원하였다. 교회 헌금 수입은 공과금(전기, 수도, 가스요금) 등 교회 운영비로 사용하였다. 그런데 첫 번째 개척교회 때처럼 노동법 위반 문제가 발생하였다. 1991년 11월, 노에 전도사가 생활고와 처우에 대해 불만을 표하며 사역을 중단하고 교회를 떠남으로써 세 번째 교회 개척도 10개월 만에 끝나고 말았다.

정리하면, 이러한 시행착오를 겪으면서 현지인 사역자를 통해 교회를 개척(월 사례비 지원)할 때는 콜롬비아 노동법에 따라 추가 재정을 준비해야 한다는 사실을 배우게 되었다. 이후 김위동 선교사는 콜롬비아에 도착하는 본 교단(PCK) 혹은 다른 선교사들에게 개척에 실패했던 자신의 경험을 공유하며 동일한 실수를 반복하지 않도록 했다.

3. 현지교회 개척과 예배당 건축

현지 사역자 고용을 통해 시도한 세 번의 교회 개척이 모두 1년만에 중단되는 시행착오를 겪었지만, 김위동 선교사는 현지인을 통한 개척이 실패했다고 생각하지 않는다. 이를 통해 교회 개척 시 유념해야 할 점을 배웠기에 충분히 좋은 경험이 됐다고 보았다. 교회 개척에 대한 열망이 뜨거웠던 그는 그간의 경험과 갈고닦은 스페인어 실력을 바탕으로 콜롬비아에 도착한 지 3년 6개월 만에 현지인을 대상으로 하는 교회를 직접 개척하기로 마음을 먹었다.

1) 싼타루스 장로교회 개척과 예배당 건축

김위동 선교사는 1991년 2월 보고타 북쪽 뿌엔떼 라르고(Puente Largo) 지역에 정원이 있는 이층집을 월세 350달러에 얻었다. 2층에 선교사 가족이 생활하고 1층 응접실을 예배실로 개조하였다. 매 주일 스페인어 설교 준비가 힘들고 많은 시간이 소요되는 일이었지만, 현지인을 돌보는 목회자로서 성장하는 기회가 되었다. 찬양 인도자로 남자 청년 한 명과 교회학교 교사로 여자 청년 한 명을 사역자로 두었다. 이들의 수고비는 교회 헌금에서 지불하였다.

개척 후 2년이 지나자 주일 예배에 50명 이상이 모였다. 예배 장소가 협소하여 더 넓은 곳이 필요하였다. 예배당 건축을 생각하고 기도하기 시작하였다. 한국의 후원교회에 기도 부탁과 함께 지원을 요청하였다. 한국교회가 건축 지원비로 30,000달러를 헌금하였다. 그 외에 1994년 여름 한 달간 한국의 여러 교회를 방문하여 30,000달러를 모금하였다. 1994년 12월, 보고타 북쪽 로스 안데스(Los Andes) 지역에 대지 265㎡(80평) 이층집을 60,000달러에 구입하였다. 그 후 싼타루스 교회를 이곳으로 옮겨왔으며, 구입한 건물은 현지의 한국 선교부 이름으로 등기하였다.

1992년 8월 한국 선교사들이 김위동 선교사가 콜롬비아 장로교회 센트로노회와 함께 시작한 신학교[5]를 이 교회 건물로 이주시켰다.[6] 싼타루스 교회는 약 70명의 교인이 출석하고 있었다. 김위동 선교사는 2000년까지 담임 목회자로 사역했고, 2001년 1월부터는 이 신학교를 졸업한 다니엘 에스뚜삐난(Daniel Estupinan) 전도사를 목회자로 세웠다. 2002년 콜롬비아 장로교회(IPC) 센트로노회에 가입하였으며, 현재 아르뚜벨 로하스(Artubel Rojas) 목사가 담임하고 있다. 주중에는 신학교로, 주말에는 예배당으로 사용하고 있다.

이후 싼타루스 교회는 김위동 선교사의 교회 개척 사역을 물심양면으로 많이 도와주었다. 선교사와 협력하여 현지교회를 개척했을 뿐 아니라, 개척한 교회의 현지인 사역자 가정을 재정적으로 지원하기도 하였다.

2) 라파스 장로교회 개척과 예배당 건축

보고타 남쪽 빈민가 보사(Bosa) 지역의 라파스(La Paz) 지역의 교회 개척은 1996년 현지 신학생의 요청으로 최창운 선교사가 그와 함께 시작하였다. 차고 하나를 월세로 빌려서 예배실로 사용하였다. 1998년 최창운 선교사가 콜롬비아를 떠나게 되면서 김위동 선교사가 이 사역을 도우며 지원하기 시작하였다. 1998년부터 2012년 2월까지 까를로스 까데나(Carlos Cadena) 전도사가 14년간 목회했다.[7] 까를로스 전도사는 그동안 미자립교회인 라파스 교회를 자비량으로 봉사하며, 교회 헌금으로 교통비만 후원받았다. 그는 작은 집 한 채를 소유하고 있었는데, 거기서 나오는 월세로 생활을 유지할 수 있었기 때문이다. 라파스 교회는 싼타루스 장로교회 당회의 지도와 관리를 받도록 했는데, 싼타루스 교회가 월 100달러를 지원하였다.

김위동 선교사는 월 1회 교회를 방문하여 설교하였다. 그러나 2009년

9월 한인교회를 다시 담임하게 되면서, 주일에는 방문할 수 없었다. 2008년 보고타 한인교회 교인 몇 명이 4,000달러를 헌금하여 라파스 지역에 주택지(6mx12m)를 구입하였다. 2010년 6월, 미국 마이애미 한인교회가 단기 선교를 위해 라파스를 방문하였다. 마이애미 한인교회와 그 교회가 속한 미국 장로교(PCUSA) 노회가 라파스 교회 건축을 위해 각각 10,000달러씩, 총 20,000달러를 헌금하였다. 그 돈을 콜롬비아 장로교회 센트로노회에 전달하여 교회 건축에 사용하도록 하였다. 2011년 시작한 예배당 건축 공사는 현재 90% 정도 진척되었으며, 아직 완공되지 않았지만, 예배당으로 계속 사용하고 있다.

정리하면, 현지 한인교회 교인 몇 분이 우연히 헌금해주어서 교회 부지를 구입하였고, 이 헌금이 종잣돈이 되어 미국 한인교회 선교팀이 20,000달러를 추가로 지원하여 예배당을 건축하였다. 이처럼 콜롬비아 한인교회, 미국 한인교회, 미국 장로교 노회 그리고 콜롬비아 장로교회 노회가 연합하여 교회 예배당을 건축한 것이다.

3) 로스 알페스 장로교회 개척과 예배당 건축

보고타 남쪽에 있는 로스 알페스 지역은 극빈층이 거주하는 곳이며 소위 산동네 판자촌이다. 1990년대 초부터 콜롬비아 지방에서 게릴라의 위협을 피해 피난해온 사람들이 종이 상자나 판자로 주거지를 만들어 살면서 형성된 불법 정착촌이었다. 그러나 2000년대 초에 사람들이 많이 모여들자 보고타시에서 전기, 상하수도 시설을 만들어 주면서 난민들이 더 많이 모여 살게 되었다. 치안이 취약한 지역이고 주거 환경이 열악하고 여러 가지 사회 문제가 많이 발생하고 있다.

2007년 이영하 선교사가 신학생 헨리 모레노(Henry Moreno)를 도와 교회를 개척하였다. 로스 알페스 교회는 가장 가까이 있는 센트로노회 뜨리니다드 장로교회(Iglesia Presbiteriana Trinidad)가 관리하도록 했다. 미국 샌프란시스코 한인교회가 5,000달러를 기부하여 교회 부지(5mx8m)를 구입하였으며, 헨리 전도사에게 월 200달러를 후원하기 시작하였다. 이영하 선교사가 2013년 말 은퇴하면서, 2014년부터 김위동 선교사가 교회사역을 이어받았다.

2016년부터는 현지의 센트로 장로교회(센트로노회 소속)가 사역을 넘겨받았다. 그해 5월 센트로 장로교회가 교회 옆 부지를 하나 더 구입하고, 그 땅(10mx8m)에 교회 건물을 2층으로 건축하기 시작하여, 2017년 3월 헌당예배를 드렸다. 총건축비가 약 110,000달러였는데 센트로 장로교회가 70,000달러, 보고타 한인연합교회가 35,000달러, 미국 샌프란시스코 한인교회가 5,000달러를 헌금하였다. 1층 예배실, 2층 교육관과 지역사회 프로그램 운영을 위한 공간으로 사용하고, 옥상에는 어린이 놀이터를 만들었다. 센트로 장로교회가 관리하며, 주중에는 방과후 학교로 사용하고 있다. 교사 두 명이 학생들을 돌보며, 매일 50명의 점심을 제공하고 있다. 이처럼 모든 경비는 센트로 장로교회가 지원하고 있다.

정리하면, 로스 알페스 교회는 한국 선교사들이 시작했으나, 이후 현지의 콜롬비아 장로교회가 넘겨받아 지역 복음화를 위해 운영하고 있으며, 현지교회 책임 하에 주도적으로 교회 건축을 감당하였고 지역사회를 위해 봉사하고 있다. 예배당 건축에는 110,000달러가 소요되었는데, 현지의 센트로 장로교회가 70,000달러를 감당함으로써 63.6%를 부담하였고, 보고타 한인교회와 미국 한인교회가 40,000달러를 지원함으로써

36.4%를 부담하였다.

4) 치아 교회 개척

2011년 10월 김위동 선교사는 수도 보고타 북쪽에 있는 인구 약 40만의 전원도시 치아(Chia) 시에서 교회를 개척하였다. 신학교 3학년 재학 중인 우리엘 로하스(Uriel Rojas) 전도사를 사역자로 파송하였고, 센트로노회의 싼타루스 교회가 후원하였다. 우리엘 형제는 콜롬비아 보고타의 국립대학 기계공학과를 졸업하고, 대학 시절 대학생선교회(CCC)에서 훈련받고 전도 활동을 하였으며, 졸업 후에 CCC 전임 간사로 일하다가 생활이 어려워 계속하지 못하고, 중등학교 수학 교사로 일하였다. 그러나 복음 전도자로서의 사명감을 포기하지 않고, 신학교(야간과정)에서 신학 공부를 하는 중이었다.[8)]

우리엘 전도사는 처음에 생활비가 많이 든다며 도움을 요청했으나, 김위동 선교사는 개인적으로 도와줄 형편이 안 된다며 거절하였다. 대신 믿음으로 시작하면 길이 열릴 것이라고 그를 격려하였다. 우리엘 형제가 결단하고 신학을 시작하니 여기저기서 도움의 손길이 이어졌다. 콜롬비아 현지의 싼타루스 장로교회가 월 250달러(생활비), 산 베르나베(San Bernabe) 장로교회가 월 100달러(의료보험료)를 지원하였다. 그리고 미국 뉴저지에 있는 한인교회에서 월 250달러를 지원하기로 했다. 생활비는 해결되었지만, 예배드릴 장소는 준비되지 못했다. 그리하여 우리엘 형제가 사는 작은 아파트에서 주일 예배를 드리도록 했는데, 1개월 만에 15명 정도가 모여 장소가 협소하게 되었다. 선교사는 교인들에게 힘을 합쳐 스스로 예배 장소를 해결하도록 조언하였다.[9)]

보고타에 가까이 있다 보니, 치아에서 출퇴근하는 사람들이 많으며, 치아에는 개신교회가 15개 정도 있다.[10] 치아 장로교회는 치아에서 처음으로 세워진 장로교회이다. 보고타 연합장로교회에서 우리엘 전도사의 신학교 학비를 장학금으로 제공하고 있으며, 이곳에 장로교회가 없어 센트로노회의 싼타루스 교회와 협력하여 개척한 것이다. 그러나 2년 후 미국 한인교회의 후원이 중단되고, 싼타루스 교회와 우리엘 전도사 사이에 갈등이 발생하여 싼타루스 교회가 후원을 중단하였고, 산 베르나베 교회가 전담하여 돕기로 하였다. 이후 산 베르나베 교회는 우리엘 전도사와 근로계약을 체결하고 교회 소속 부교역자로 치아교회를 전담하도록 했다.[11]

5) 시바떼 장로교회 개척

2013년 2월 신학교 졸업생 미겔 앙헬(Miguel Angel) 전도사가 시바떼(Sibate)에 교회를 개척하겠다고 제안했다. 그는 1년 전부터 기도처 모임을 인도하고 있었는데 교회를 개척하겠다는 것이다. 미국 북가주(노던 캘리포니아)의 한인교회가 월 200달러를 후원하였는데, 이 후원금은 예배 장소 임대와 유지비에 사용하고 있다. 앙헬 전도사는 콜롬비아 장로교회 남노회 소속 목회자로 시바떼 개척교회 사역을 계속하고 있으며, 생활비는 스스로 해결하고 있나. 아식도 예배당 건축을 하지 못하고 있다.

※ 선교지 예배당 건축과 건축비 부담 비율

김위동 선교사가 콜롬비아 수도 보고타 인근 지역에 건축한 현지교회 상황은 다음의 〈표〉와 같다. 이 다섯 교회는 선교사가 부분적으로 후원했거나 협력한 개척교회들이다.

〈표〉 김위동 선교사가 개척한 교회와 건축 현황[12)]

	교회 이름	건축비 부담 비율		교회 위치	완공 여부
		한국교회	현지교회		
1	싼타루스 교회[13)]	100%	0%	도심	100% 완공
2	라파스 교회[14)]	100%	0%	빈민가	90% 완공
3	로스 알페스 교회[15)]	36.4%	63.6%	산동네, 극빈 지역	100% 완공
4	치아 교회[16)]	58%(생활비)	42%(생활비)	전원도시	가정집 예배
5	시바떼 교회[17)]	미건축 상태		소도시	예배처 임대

4. 선교지 예배당 건축을 위한 제언

김위동 선교사는 지난 34년 동안의 콜롬비아에서의 교회 개척과 예배당 건축 경험을 바탕으로 다음과 같은 실제적인 교회 개척 방안을 제시한다.

첫째, 교회 개척을 시작할 때부터 현지교회와 협력하여 추진하라. 현지교회나 현지 교인들 주도 하에 예배당 건축을 추진해야 하며, 현지 장로교회(노회 혹은 조직교회)와 협력하여 개척을 시작하는 것이 좋다.

둘째, 임대한 장소나 사역자 집에서 가정교회 형태로 개척을 시작하라. 선교사가 현지 사역자를 고용해야 할 때, 법적 분쟁과 다툼을 피하기 위해 현지의 노동법 관련 규정을 잘 알고 있어야 한다.

셋째, 개척한 교회는 현지교회의 지도와 감독 아래 있도록 하라. 이는 고용법과 관련하여 발생할 수 있는 법적 책임이나 재정적 책임 문제를 외국인 신분의 선교사가 피할 수 있도록 하는 제도적 장치를 마련하기 위함이다.

넷째, 현지 사역자를 고용하거나 아니면 선교사의 직접 개척 방식으로 교회를 개척하라. 선교사 주도로 교회 개척을 하거나, 현지 장로교회와 상의 없이 현지 사역자를 도와서 교회를 개척한 경우에는 이른 시간 안에 현지교회에 소속시키는 것이 좋다.

다섯째, 예배당 건축은 현지교회나 현지 교인들 주도하에 추진하도록 하라. 앞서 언급했듯이, 법적 문제가 제기될 수 있기에 가급적 현지인들 주도로 교회 건축을 하는 것이 좋다. 가능한 한, 현지 교단(노회)의 대형교회나 교인들도 새로운 교회 건축 후원에 참여하게 하라.[18)]

여섯째, 교회 개척 때나 예배당 건축 후에 사역자의 생활비 보조나 재정 지원을 하지 마라. 교회 개척을 위해 사역자 생활비를 지원하지 말며, 후원자나 교회를 찾지 마라. 그러나 자원하여 돕겠다는 후원자가 있으면 현지 목회자와 연결해 줄 수는 있다.

일곱째, 선교사는 눈에 보이는 건물을 먼저 세우려는 과시성 유혹에서 벗어나야 한다. 교회는 건물이 아니라 모이는 성도(에클레시아)이므로 무리해서 건축하면 안 된다. 선교지에 건물을 지으면, 본국에서 '잘하고 있다'라고 평가하는 잘못된 관행을 바로 잡아야 한다.

여덟째, 임대 처소나 사역자 집에서 교회 개척을 시작하고, 교인들이 증가하여 장소가 협소해지면 예배당을 건축하라. 선교지에 개척되는 대부분의 교회는 예배 처소를 임대(월세)하거나 가정집에서 시작되었음을 기억할 필요가 있다.

아홉째, 선교사는 신학교육을 통해 신실한 현지 목회자를 배출해야 하며, 그들이 자력으로 교회를 개척할 수 있도록 자립 의식을 고취하라 현지교회나 현지인들이 스스로 전도하며 스스로 교회를 개척하게 하도록 도전해야 한다.

열째, 같은 교파 교회 개척을 위해 노력하되, 다른 교파에 속한 현지 교회와도 협력하라.[19] 김위동 선교사는 현지의 장로교회를 중심으로 교회 개척을 했지만, 그 외 타교단과도 협력할 필요가 있다고 주장한다.

5. 김위동 선교사 사역 평가

교회 건축은 건물을 세우는 것이 아니라, 성도들과 목회자를 세우는 것이다. 처음부터 잘 갖추어진 교회 건물보다 임대장소나 가정집에서 모이다가 교인 수가 늘어나 예배당 건축이 필요하게 되면, 현지 교인들 스스로 건축할 것을 제안한다. 때때로 현지교회는 선교사에게 너무 많은 것을 요구하고, 선교사나 한국교회 의존적이어서 협력하기가 어려울 때도 있음을 고백한다. 김위동 선교사는 34년 동안 콜롬비아 장로교회의 센트로노회와 협력하면서 여러 교회를 개척했으며, 그가 세운 교회 중에 몇몇 교회는 예배당 건축으로 연결되기도 하였다.

김위동 선교사의 선교사역을 평가하면, 초기에는 교회 개척 후에 한국교회의 100% 후원으로 예배당 건축을 추진했으나, 이후 현지교회의 참여와 재정 지원을 이끌어냄으로써 더 건강하고 현지교회와 협력(혹은 현지교회가 주도)하는 모델을 만들어나갔다. 주목할 점은 현지교회 개척 시에 보고타 한인장로교회와 미국의 한인교회의 재정후원도 이끌어냄으로써 현지교회-현지 한인교회-해외 한인교회가 선교지 교회 개척과 예배당 건축에 있어 아름다운 협력 모델을 만들어 내었다.

1992년 8월 김위동 선교사는 콜롬비아 장로교회 센트로노회와 협력하여 현지 신학교를 시작하였다. 그는 신학교육이 매우 중요하며, 이를 잘 감당하여 신실한 현지 목회자를 배출하려고 한다. 더디더라도 현지교회가 자전하며 스스로의 힘으로 교회를 개척해 나갈 수 있도록 하는 네비우스(Nevius) 선교사가 초기 한국교회에 가르쳤던 목표를 갖고 실천해 왔다. 종합하면, 김위동 선교사는 자신이 개척한 교회들을 현지 교단에 가입시킬 뿐만 아니라, 잘 양육된 현지 리더들에게 자신이 개척한 교회를 넘겨주는 이양 모델을 보여주고 있다.

1) 콜롬비아는 6 · 25전쟁 당시 한국에 파병한 16개 UN 참전국 중 유일한 중남미 국가이다.
2) 한국교회 콜롬비아 선교는 예장통합의 김경하 목사가 1984년 4월 보고타에 도착함으로써 시작되었다.
3) 교회 사례비는 현지 신학교 운영비로 사용하였다.
4) 콜롬비아 장로교회의 아쎄로 목사가 노동법의 주요 내용과 쟁점에 관해 설명해주었는데, 김위동 선교사는 이에 대해 정확하게 이해를 못 했던 것 같다고 말한다.
5) 개교 당시의 신학교 명칭은 Facultad de Estudio Teologico 신학교육부였고, 이후 Seminario Teologico Reformado de Colombia로 개명되었다.
6) 당시 이 신학교는 수도 보고타 남쪽 레만소(Remanso) 지역에서 건물을 임대해 운영하고 있었다.
7) 까를로스 전도사는 김위동 선교사와 동갑인 1951년생이다.
8) 당시 우리엘 전도사는 42세였으며, 부인과 8살 난 딸이 있었다. 그는 더 늦기 전에 목회에 전념하겠다며 신학교에 가기로 결단하였다.
9) 치아 교회는 우리엘 전도사 지도하에 가정집에서 모이고 있으며, 예배당 건축 계획은 없다. 수요일에는 치아 시에서 도보로 20분 정도 걸리는 인근 마을에 15명이 모여 가정예배를 드리고 있으며, 우리엘 전도사가 예배를 인도하고 있다.
10) 여호와의 증인, 유니테리언 교회(삼위일체와 예수의 신성을 부인) 등의 이단도 들어와 있다.
11) 그러나 1년 후인 2012년 우리엘 전도사는 싼타루스 교회 당회가 간섭을 너무 많이 한다고 비판하며, 교단을 떠남으로써 독립교회로 존재한다. 그는 중등학교 교사로 취직하여 이중직(투잡) 사역자로 생활비를 벌면서 주일에는 예배를 인도하고 있다.
12) 〈표〉의 다섯 교회 외 20여 명의 신학교 졸업생들은 선교사의 도움을 받지 않고 스스로 교회 개척을 하였다. 기존 교회의 담임목사로 청빙 되어 목회하고 있는 졸업생도 많이 있다.
13) 총건축비 60,000달러 전액을 한국교회가 지원하여 건축하였으며, 예배당 건물은 현지 한국 선교부 이름으로 등기하였다.
14) 총건축비 24,000달러 가운데 보고타 한인교회 4,000달러, 미국 한인교회 10,000달러, 미국 장로교 노회 10,000달러를 지원하였다.
15) 총건축비 110,000달러 가운데 현지의 센트로 장로교회 70,000달러, 보고타 한인연합교회 35,000달러, 미국 한인교회가 5,000달러를 지원하였다.
16) 콜롬비아 현지의 싼타루스 교회(목회자 생활비 월 250달러)와 산 베르나베 교회(의료보험료 월 100달러) 그리고 미국 한인교회(장소 임대료와 관리비 월 200달러)는 2년 동안 지원하였다.
17) 미국 한인교회에서 예배 처소 임대와 유지비로 월 200달러를 지원하였다. 그러나 목회자 생활비를 지원하지 못했다.
18) 본 글의 교회 개척 사례에서 보듯이, 콜롬비아 장로교회의 싼타루스 교회, 라파스 교회, 로스 알페스 교회 등 먼저 세워진 현지교회들은 새로 지은 교회의 예배당 건축을 재정적으로 지원하였다.
19) 김위동 선교사는 장로교회를 많이 세우지 못했다. 자신이 가르친 신학교 졸업생의 80%는 외부 도움 없이 스스로 교회를 개척했지만, 장로교 소속이 아닌 독립교회로 활동하고 있다고 밝힌다.

제7장

온두라스 교회 개척

- 무교회 지역의 교회 개척과 예배당 건축 -

박명하 선교사(타문화권 선교) 사례

"주인이 종에게 이르되 길과 산울타리 가로 나가서
사람을 강권하여 데려다가 내 집을 채우라"
(누가복음 4:23)

1. 선교사역 소개

박명하 목사는 1991년 10월 대한예수교장로회 통합 총회(PCK) 선교사로 중앙아메리카 온두라스로 파송된 이후 30년간 사역하고 있다.[1] 1992년 1월 9일 현지에 도착하여 그동안 통합(PCK) 중미 코디네이터, 중미 선교사회 회장, PCK 총회 세계선교사회(PCKWM) 회장, 한인세계선교사회(KWMF) 회장을 역임하였다. 그는 온두라스 최초의 한인교회를 설립했으며, 1997년 예배당 건축을 완공하였다. 1993년 한글학교를 한인교회에서 시작하였고, 1996년부터 트리니다드(Trinidad) 지방에 신학교를 시작했으며, 2000년 에스페란사(Esperanza) 신학교, 2002년 마라뇽(Maranon) 신학교를 시작하였다. 1999년에 마라뇽 호산나 유치원을 시작했으며, 2001년 초등학교, 2011년 중 · 고등학교를 건축하고 시작하였다.

그 외 1999년 1월 디모데 아카데미 훈련 프로그램(청소년 제자 사역)을 시작했으며, 1999년부터 현재까지 오지와 정글 및 시골 산악 지역과 도시 인근 지역 200여 곳에 예배당을 건축하였다. 지역사회를 위한 프로그램으로는 2000년~2005년 도시 우범지역과 빈민가에서 갱(Gang)들을 위한 사역을 하였고, 2010년부터는 교도소 재소자들을 위한 사역을 시작했으며, 2014년부터 학교, 지역교회, 고아원, 교도소에서 바이블 타임(Bible Time)[2)] 사역을 시작하였다.

*** 박명하 선교사 프로필**

• 1975.02	한양대학교 법대 행정학과
• 1978.02	장로회신학대학교 신대원(M.Div.)
• 1979.04~1982.08	육군 군목(대위 전역)
• 1982~1991.12	서울 신광교회 부목사
• 1988.02	장신대 대학원(Th.M./실천신학)
• 1992.01.09~현재	총회 파송 온두라스 선교사[3)]
• 1992.01	온두라스 최초의 한인교회 개척 및 담임
• 1997.07.13	온두라스 한인교회 예배당 건축 및 헌당
• 2008~2010	PCK 중미 코디 및 중미 선교사회 회장
• 2010~2012	PCK 총회 세계선교사회(PCKWM) 회장

• 2012~2016 한인세계선교사회(KWMF) 대표회장 및 공동회장

• 2022 언더우드 대학교(Ph.D./선교학) 재학

2. 온두라스 사역 배경과 예배당 건축

1) 온두라스 상황

온두라스는 멕시코 반도 남단에 있는 작은 나라이다. 면적은 한반도의 두 배 정도이며, 전체 면적의 약 80%가 산악지대이다. 인구는 1,022만 명이며, 1인당 국내총생산(GDP) 2,602달러(세계 158위, 2021년 IMF 자료)에 불과한 매우 가난한 나라이다. 16세기에 콜럼버스가 온두라스에 도착한 이래, 여타 남미의 다른 국가들과 마찬가지로 300년간 스페인의 식민 지배를 받았으며, 1821년 독립을 선언하였다. 식민지배자들이 철저하게 전 주민을 가톨릭 신자로 만든 결과, 지금 87% 주민이 기독교(가톨릭 46%, 개신교 41%)를 신봉하는 국가가 되었다.

1921년 개신교 선교가 시작된 온두라스는 한국교회보다 짧은 기독교 역사를 갖고 있다. 가톨릭이 지배했던 대부분의 중남미 국가처럼 가난, 부정부패, 높은 살인 · 범죄율, 거짓이 일상화되어 있다. 기독교는 유럽, 아프리카 그리고 인디오 전통 신앙과 우상숭배와 미신이 뒤섞인 혼합 신앙의 특징을 보이고 있다. 이러한 이유로 한때 복음화 속도가 늦기도 했지만, 최근 통계에 의하면, 중남미에서 유일하게 개신교인 숫자가 가톨릭 신자 수를 능가한 나라이다.[4] 대다수 주민들은 1차 산업인 농업, 어업, 축산업에 종사한다. 주요 생산물은 산악지대에서는 커피가, 그 외 대부분

의 지역에서는 주식인 옥수수와 붉은 콩을 생산한다. 또한 대부분의 농촌은 극빈 지역에 속한다.

2) 교회 개척과 신학교 설립 배경

1992년 1월 박명하 선교사가 온두라스에 도착했을 때 개신교회는 많이 있었으나, 장로교회는 하나도 없었다. 온두라스 개신교단은 약 150개나 되었으며, 소속 교회가 100여 개에 불과해도 큰 교단으로 간주하였고, 대부분의 교단은 군소 교단이었다. 문맹률은 50%에 달했으며, 대부분의 교역자 학력이 초등학교 졸업자들이었다. 이런 상황에서 박명하 선교사는 장로교회를 세우려는 계획을 포기하고, 현지의 연약한 교회를 돕기 위해 신학교를 설립하기로 했다. 신학생 중에 차비가 없어 등교하기도 힘든 이들이 많아 그들이 거주하는 인근 도시에서 신학교를 시작하였다. 졸업생들에게는 디플로마(diploma) 학위를 수여했는데, 그 이유는 이들 대부분이 초등학교 졸업 학력밖에 없었기 때문이다. 신학교 4년 과정을 마치면, 복음화율이 낮은 시골 지역에 가서 교회를 개척하도록 했다.

3) 예배당 건축 시 고려사항

박명하 선교사가 교회를 개척한 대부분의 지역은 교회가 하나도 없는 정글, 시골 산악지역과 오지마을이었으며, 도시 개척의 경우에는 빈민 거주지역이었다. 그는 미스끼또(Misquito) 인디오들이 사는 정글 오지에 8개, 중소도시에 9개 교회를 개척했고, 교도소 내에 2개의 예배처를 시작했으며, 그 외에 시골과 산악지대에도 예배당을 세웠다. 예배당 건축 시 교회가 들어설 지역의 인구수, 교인 수(성인, 아이들) 그리고 교회의 부흥 가능성

등을 종합적으로 고려하여 예배당 크기를 정해야 한다.

교회 건물을 지을 수 있는 토지를 구입하면, 어떤 규모의 예배당을 지을 것인가를 가장 먼저 정해야 한다. 그런데 선교지에서 적용할 수 있는 교회 크기에 대한 명확한 기준이 세워져 있지 않았다. 건물 대지면적, 건축면적 그리고 연면적(층별 바닥면적) 등을 고려하여 어떤 규모의 교회 건축을 할 것인지를 정해야 한다. 박명하 선교사는 교회가 세워져 있지 않은 마을의 거주 인구를 조사한 결과, 2천 명, 1천 명, 600~800명, 500명인 경우가 많았다고 한다.

이 조사를 통해 박명하 선교사는 마을 인구수에 따라 적당한 크기의 예배당을 지을 필요가 있음을 알게 되었다. 예를 들면, 주민 2천 명이 거주하는 마을에서는 250~300명을 수용하는 397~463㎡(120~140평) 규모의 예배당을 건축하고, 1,000명 마을에서는 331㎡(100평) 규모로, 600~900명 마을에서는 265㎡(80평), 500명이 거주하는 작은 마을에서는 198~231㎡(60~70평)로 건축하는 것이 적당하다. 마을 인구수, 교회 교인 수, 설립될 교회의 잠재력과 어린아이들의 숫자 그리고 교회의 잠재력을 고려하여 예배당 크기를 정해야 한다.

박명하 선교사는 30여 년 동안 약 200개 교회 건물을 건축한 경험을 바탕으로, 예배당 크기를 결정할 때 도움이 될 건축 가이드라인을 다음과 같이 제시한다.

〈표-1〉 마을 주민 수에 따른 예배당 적정 규모 및 건축비 지원금

	마을 주민 수	신축 예배당 규모		
		건축면적	크기(가로 · 세로)	외부지원 액수[5]
1	2,000명	125평	15m x 27m	$20,000
2	1,000명	100평	13m x 25m	$15,000
3	600~800명	62평	10m x 20m	$12,000
4	500~600명	56평	10m x 18m	$10,000
5	500명 이하	40평	8m x 16m	$8,000

정리하면, 2천 명 마을은 413㎡(125평/15mx27m) 규모로, 1천 명 마을은 331㎡(100평/13mx25m) 크기로 예배당을 짓는 것이 적절하다. 600~800명 마을의 교회 건축은 205㎡(62평/10mx20m)로, 500~600명 마을에서는 185㎡(56평/10mx8m)로, 500명 이하 작은 마을에서는 132㎡(40평/8mx16m) 정도가 좋다고 조언한다.

3. 예배당 건축과 한국교회 지원

1) 선교지 교회 개척과 예배당 건축

박명하 선교사는 기본적으로 예배당 건축에 필요한 비용의 40~50%는 현지교회가 부담하게 하였다. 예배당 건축비용은 지역이나 기후에 따라 차이가 있는데, 더운 아열대 지역과 아열대의 산악지역이 대부분인 온두라스는 냉난방 공사를 필요로 하지 않기 때문에 공사비가 다른 지역보다 훨씬 적게 들어가는 장점이 있다.[6]

위의 〈표-1〉에서 보듯이, 413㎡(125평) 규모의 예배당 건축을 하는 경

우, 20,000달러 정도 외부지원을 하도록 하고, 331㎡(100평) 예배당 공사비 지원은 15,000달러, 205㎡(62평)는 12,000달러 지원, 331㎡(100평) 이하 건축의 경우는 8,000달러~10,000달러 정도면 충분히 공사를 마칠 수 있다. 이 표에서 기억할 것은 총건축비에서 외부 건축 지원비를 제외한 액수는 현지교회가 부담해야 한다는 것이다.

2) 현지교회의 부분 참여와 한국교회의 협력

박명하 선교사는 한국교회 혹은 외부에서 건축비를 지원하는 경우에도, 현지교회가 총건축비의 40% 정도를 감당하게 하는 원칙을 세우고 있다. 즉 현지 교인들이 교회 부지를 제공하고, 터파기 작업, 모래와 자갈 퍼오기, 벽돌 구입, 시멘트와 철근 구매, 교회 벽 공사 등은 교인들의 헌금과 헌물 그리고 몸으로 봉사하게 하였다. 현지 교인들이 공사비의 40% 정도를 감당하게 되므로, 현지교회와 한국교회와의 부담 비율이 40% 대 60% 정도가 된다.

박명하 선교사가 제안하는 예배당 건축 시 현지교회가 부담해야 하는 부분과 외부지원을 받아야 하는 내용을 단계별로 정리하면 다음과 같다.

〈표-2〉 예배당 건축 시 단계별 현지교회 부담과 외부지원 비교

단계	건축 항목	현지교회 부담	외부지원
1	교회 부지	O	X
2	기초 공사(터파기)	O	X
3	모래, 자갈	O	X
4	벽돌, 블록	O	X
5	시멘트, 철근	O ~ △	△ ~ X
6	교회 벽 공사	인건비 감당	인건비 외 지원

O 부담, △ 지원 고려, X 불필요

위 〈표-2〉에 대한 박명하 선교사의 설명을 보면,

첫째, 교회 부지는 가급적 현지교회가 감당한다. 교회 부지 구입과 관련된 법적인 문제는 현지교회가 처리하고, 선교사가 전면에 나서지 않는 것이 좋다, 그 이유는 선교사가 나서서 대지를 구입하면 구입 가격이 많이 올라가게 되기 때문이다. 둘째, 예배당 건물 터파기와 기초 공사에는 교인 모두가 참여하도록 한다. 셋째, 모래와 자갈 구입은 현지교회가 부담하도록 하였다. 넷째, 콘크리트 벽돌(블록)은 현지교회가 모은 건축기금으로 구매하도록 한다. 다섯째, 시멘트와 철근은 현지교회가 부담할 수도 있고, 부담하지 못할 경우도 있다. 여섯째, 외부치장 벽돌 쌓기 공사는 현지교회가 인건비를 담당한다.

위 6단계까지 드는 비용을 합산하면, 현지교회는 총공사비의 40% 정도를 감당한다.[7] 이처럼 박명하 선교사는 현지 교인들이 건축비용의 일정 부분을 먼저 부담하게 하고, 나머지 부족분을 채워주는 방식으로 교회 건축을 도와주었다. 중요한 것은 현지인들이 최선을 다해 교회 건축에 동참하게 하는 데 목적이 있다.

선교지 예배당 건축을 지원하기 전에 유념할 세 가지는

① 현지 교인들이 주도권을 갖고 건축을 시작하도록 해야 하며,

② 건축 전에 선교사가 현지 교인들보다 앞서서 교회 건축자금을 지원하지 않아야 하며,

③ 건축할 때, 교인들에게 이 정도 준비하면 나머지는 도와줄 것이라고 말해서는 안 되며, 이를 목회자에게만 은밀하게 알려주어야 한다.

3) 교회 건축 이후 상황분석

첫째, 교회 성장은 전적으로 주님의 은혜에 달려있으며, 목회자의 영적 자질과 능력에 따라 결과가 다를 수 있다. 박명하 선교사는 예배당 건축 후에 부흥하여 교회 건물을 증축해야 하거나, 2부 예배로 드리는 교회도 있었다고 한다. 그러나 일반적으로 시골 지역에서 교회 부흥은 쉽지 않다. 목회자의 역량에 따라 다르기는 하지만, 극빈 지역은 헌금이 적어서 목회자 대부분이 농사나 다른 직업을 가진 경우가 있었으며, 중형 교회 중에는 교회 헌금에서 십일조를 목회자의 사례비로 지불하는 교회도 있었다.

둘째, 박명하 선교사는 처음부터 교단 교회를 건축하지 않았으며, 현지교회 건축 후에 목회자 사례비를 지원하지 않았다. 헌금이 적든 많든 현지 교인들이 자신의 교회 건축을 먼저 감당하도록 했다. 온두라스는 현재 개신교회가 부흥하고 있어서 지역 주민들의 호응도와 부흥 열기도 높은 편이다. 그러나 목회자의 역량이나 자질이 부족하여 부흥이 안 되는 경우도 많았다. 특히 목회자의 학력 부족과 이성 문제로 교회에 혼란을 초래하는 경우가 많다. 최근 중남미 시골 생활이 어려워져 미국으로 밀입국하려는 자들이 많이 생겨났다. 이로 인해 시골 인구가 지속적으로 감소하고 있으며, 목회자 중에도 생활이 어려워 미국으로 몰래 입국하려고 교회를 떠나는 자들도 생겨나고 있다.

셋째, 선교사는 현지 지역교회 목회자만 상대하지 말고 현지 교단의 지도자와도 교제해야 한다. 그들을 통해 현지교회의 문제점을 서로 나누고 대책을 찾고 협력해야 한다. 현지 목회자 가운데는 예배당을 증축해야 한다며, 선교사에게 부담을 주는 이들도 있다. 또한 선교사를 이용하여 재정적 도움을 얻으려는 이들도 있기에 접근해 오는 이들을 조심해야 한다. 그러므로 선교사는 상황판단을 지혜롭게 해야 한다. 어떠한 경우도 선교사가 예배당 건축비 100%를 지원하는 일은 없어야 하며, 그들로 하여금 건축 전에 예산을 확보하고 건축을 추진하도록 해야 할 것이다.

넷째, 현재 중남미 교회는 영적 부흥기를 맞이하고 있으며, 라틴 문화의 특성에 맞게 온두라스 교인들은 긍정적이고 적극적이며 열정적인 오순절 교회의 영향을 크게 받았다. 교회가 없는 지역에 예배당을 세우는 일은 주민들에게도 기쁨과 위로와 소망이 된다. 주목할 점은 이곳에 수많은 아이들과 학생들이 있는데, 이들을 교육할 수 있는 곳이 교회밖에 없다는 것이다. 교회가 세워지면 많은 아이들과 청소년 그리고 여성들이 열심히 교회에 참석한다. 또한 오순절 은사주의(charismatic) 영향으로 교인들은 방언과 치유의 은사를 갈망하며 뜨겁게 기도한다.

4. 교회 개척, 예배당 건축 & 현지인 사역자 세우기

1) 현지 목회자 검증

예배당 건축을 결정한 후에 현지 목회자에 대해 다음의 사항을 확인하고 검증한다.

① 현지 교단 소속 증명서

② 소속 교단 목사 2인 추천서

③ 교회 부지(땅)의 소유권 이전 등기

④ 교인 명부와 청소년 어린이 명부

⑤ 지도하고 감독할 현지교회 지도자 추천서

⑥ 지역사회 리더의 추천서(시골 마을 지도자)

2) 예배당 건축과 현지 목회자 세우기

예배당 건축과 현지인 사역자 세우기와 관련하여 다음과 같은 원칙을 견지하고 있다.

1. 신학교 제자(신학생, 졸업생)를 담임목사로 세우며, 선교사는 담임목사를 맡지 않는다.
2. 선교사와 동역하는 10명의 탁월한 졸업생 제자들(supervisor 그룹)을 통해 건축한 교회 관리와 현황을 파악하며, 세워진 교회는 이들의 지도를 받도록 한다.
3. 건축 인건비와 공사비 등을 현지교회가 먼저 감당해야 한다. 교인들이 힘을 다해 노력하는 모습을 보여주어야 한다.
4. 헌당 후에도 교회 현황과 전도 인원을 정기적으로 보고해야 한다.
5. 건축된 교회는 정기적인 교역자 수련회와 훈련에 참여해야 한다.
6. 교회가 없는 지역에 전도팀을 파송하여 교회 개척에 힘써야 한다. 교회를 개척하고 예배당 건축을 시작하면 돕는 팀을 보내 협력한다.
7. 건축한 각 교회는 스스로 자립하는 교회가 되어야 한다.
8. 지역의 리더나 목사 추천서, 지역사회 리더 추천서, 교단 소속 증명, 그리고 땅문서가 교단 혹은 교회 이름으로 소유권 이전 등기가 되어 있는지를 확인한다.

건축 전에 위의 추천서와 여러 문서를 확인하면, 건축 도중에 문제가 발생하는 일이 거의 없다. 선교사는 건축 후에도 교회 목사와 지도자들과 함께 하는 지역사회개발과 교회 부흥을 위한 모임을 지속적으로 가진다.

3) 예배당 건축 과정 10단계

교회가 들어설 지역(정글 오지, 중소도시, 산악 시골 등)에 따라 예배당 건축비는 조금씩 다를 수 있으나 박명하 선교사가 생각하는 예배당 건축 과정을 정리하면 다음과 같다.

1단계: 신학교 졸업생과 재학생들에게 교회 개척 강조

2단계: 교회가 세워지지 않은 지역에 전도 시작[8)]

3단계: 교회가 개척될 지역의 야외(나무 밑)에서 예배 시작

4단계: 교인이 모이기 시작하면 작은 집을 임대하여 실내에서 예배 시작

5단계: 어른 교인 30여 명이 모이면, 교회 부지를 구입하거나 기부를 받을 것[9)]

6단계: 교인들에게 예배당 건축헌금을 권면한 후, 건물 땅파기 작업 시작[10)]

7단계: 기초 공사(땅파기)가 끝나면, 교인들 스스로 예배당 벽 쌓기 공사 시작

8단계: 교인 건축헌금으로 공사 시작, 기금이 바닥날 때 선교사는 건축자재 지원[11)]

9단계: 교회 지붕, 창문, 바닥, 전기시설, 천장 실링 공사 감독, 기타 건축자재 조달, 인건비는 교인들 힘으로 지불하게 할 것

10단계: 조경 시설물, 예배당 출입구(porch) 공사, 실내장식 및 페인트칠

로 마무리

4) 박명하 선교사의 교회 개척 및 예배당 건축 매뉴얼

1. 교단 교회를 세우기보다 연약한 현지교회들을 돕는다.
2. 세워질 교회의 장소 선정은 현지 교단이 주관하도록 한다.
3. 교회가 있는 도시보다 무교회 지역(시골, 산악)에 건축한다.
4. 선교사를 의존하지 않게 조심하며, 현지 교인들의 주인의식을 강화한다.
5. 선교사가 지원하기 전에, 예배당 부지는 현지교회가 준비하도록 한다.
6. 교회 건축 시 교인들이 물질로 그리고 몸으로 봉사하게 한다.
7. 현지 교인들이 건축비의 40% 정도를 먼저 감당하도록 한다.
8. 한국교회나 외부지원은 현지교회의 부족한 부분을 채워주도록 한다.
9. 현지교회가 넘겨받았을 때 감당할 수 없는 규모로 건축해서는 안 된다.
10. 건축 후에도 현지 목회자들과 관계 및 소통(교회 보고, 목회자 세미나)을 지속한다.[12)]

5. 선교지 예배당 건축을 위한 제언

박명하 선교사는 지난 30년 동안의 온두라스에서의 교회 개척과 예배당 건축 경험을 바탕으로 다음과 같은 실제적인 교회 개척 방안을 제시한다.

첫째, 무교회 지역의 예배당 건축만을 고수하라. 지난 30년 동안 교회가 없는 도시 이외 지역, 즉 시골이나 산악지역 중심으로 예배당 건축에 힘써왔다. 대부분의 도시에는 교회가 세워져 있으며, 또한 도시는 건축법에 따른 제약이 많지만, 시골 지역에는 별다른 제약 없이 건물을 세울 수 있는 이점이 있다. 처음부터 그는 무교회 지역에 많은 관심을 두고 예배당 건축을 시작하였다.

둘째, 현지 사정을 잘 아는 개척사역자 혹은 현지 교단이 교회 장소를 정하게 하라. 선교지에 세워질 교회 장소 및 위치 선정은 현지 교단이 주관해서 하도록 했다. 그 이유는 현지 교인들이 그곳 상황을 더 잘 알며, 기본적으로 현지교회는 그들의 교회이기 때문이다. 선교사가 전면에 나서서 모든 것을 주관하지 않는다.

셋째, 예배당 건축 시, 현지 교인들이 건축비의 40% 정도를 먼저 감당하도록 하라. 선교사가 모든 것을 주도적으로 처리하고, 건축비 전부를 도와주는 것은 바람직하지 않다. 그렇게 하면, 현지 목회자와 교인들이 더욱 선교사만 의지하게 할 가능성이 많다. 한국교회가 건축비 100%를 지원하면 현지교회를 한국교회 의존적 교회로 만들게 되며, 하나님을 바라보기보다 선교사나 한국교회만을 바라보게 만들 위험이 있다.

넷째, 현지 교인들이 건축을 위해 헌금하게 할 뿐만 아니라 몸(자원봉사)으로 참여하게 하라. 교회 건축 때 현지 교인들도 헌금을 하거나 몸으로 봉사하게 하는 이유는 그들이 주인의식을 갖고, 선교사나 외부인의 교회가 아닌 자신들의 교회임을 인식시키기 위함이다. 다시 말해, 예배당을 건축할 때 현지인들이 헌금, 노력 봉사 등 물심양면으로 참여하게 해야 교회에 대한 애착심을 갖게 되고, 진정으로 그들의 교회가 되기 때문이다.

다섯째, 선교사가 먼저 돕기 시작하면, 그때부터 현지 교인들은 방관자로 전락하기가 쉽다. 선교 초기에 네비우스(Nevius) 자립 원리에 의해 한국교회가 성장했으며, 가난한 한국 교인들이 온 마음으로 교회 건축에 참여했었다. 현지 교인들이 예배당 건축에 어느 정도는 헌금으로 참여할 수 있는데도, 선교사가 먼저 돕기 시작하면 방관자로 바뀌는 모습을 자주 목격한다. 외부 자금으로 교회 건축을 도와주었을 때 현지인들은 수동적으로 되기 쉽다.

여섯째, 한국교회의 후원 비율은 예배당 총건축비의 50~60% 범위에서 지원하라.[13] 현지 교인들이 건축헌금이나 노력 봉사를 통해 예배당 건축을 시작하면, 선교사가 나머지 부족분을 지원해 준 경우가 대부분이었다. 비율로 본다면, 현지교회가 평균 40~50%를 감당하고, 그 외 50~60%를 선교사가 지원해 준 셈이다. 그러나 정글 지역이나, 가난한 사람들이 몰려 사는 빈민촌 지역에서는 이 원칙을 고수하지 못했던 적도 있었음을 고백한다.[14]

일곱째, 예배당 부지는 현지교회가 준비하도록 하게 하라. 박명하 선교사는 선교지 예배당 건축을 지원할 때도 교회 부지는 현지교회가 기증을 받거나 매입하도록 하는 원칙을 고수한다. 또한 한국의 후원교회가 현지에 맞지 않는 교회 이름을 붙이도록 요구할 때는, 절충안으로 후원교회 첫 글자(initial)만 붙이도록 하고 있다.

여덟째, 교인들이 부분적으로라도 참여하게 되면, 교회를 위해 서로 협력하게 된다. 교회 건축을 위해 서로 힘을 합쳐 노력하는 중에 교인들의 교회와 서로를 향한 관심과 사랑이 깊어지고, 같이 기도하는 가운데 공동체 의식이 자라며, 어려운 일을 당할 때도 온 교회가 협력하는 아름다운 모습을 선교사는 여러 차례 목도하였다. 예를 들어, 작은 교회지만 여전도회에서 닭고기 요리도 만들고, 빵도 구워 팔아서 얼마든지 건축헌금에 동참할 수 있다.

아홉째, 현지 상황에 맞지 않게 예배당을 크게 건축하려는 유혹에서 벗어나야 한다. 건축비 전액을 지원하여 선교지에 기념교회를 많이 세우며, 큰 규모로 지어진 예배당에 만족을 느끼는 경향이 한국교회에 있다.[15) 문제는 거대한 규모로 세워진 현지교회는 건물관리와 유지비에 큰 비용이 소요되기 때문에 교회가 성장하지 못하면 커다란 재정 부담을 떠맡게 된다. 또한 이를 핑계로 한국교회에 재정 지원을 계속 요청하게 만들며, 현지교회는 건강한 자립 단계로 나아가지 못하게 된다.

열째, 예배당 건축 시, 교회의 적정 규모를 정할 수 있는 건축 가이드라인을 제시한다. 오랜 기간 많은 교회 건물을 세운 건축 경험을 기초로, 마을 인구수에 따른 예배당 건축 규모를 결정할 때 도움이 되는 건축 가이드라인을 개발하여 제공한다. 또한 박명하 선교사는 슈퍼바이저들을 통해 예배당 건축 과정을 모니터링하며, 특히 교회 부대시설을 잘 활용하기 위한 조언을 현지교회에 수시로 주곤 한다.

6. 박명하 선교사 사역 평가

선교지 교회 개척과 예배당 건축에서 가장 중요한 것은 함께 사역할 좋은 현지 목회자를 만나는 일이다. 선교사는 혼자 독단적으로 사역할 수 없으며, 현지 지도자와 동역해야 하기 때문이다. 가장 바람직한 경우는 선교사가 직접 전도하고 가르치고 양육한 현지 목회자와 동역하는 것이다. 현지인 목회자는 선교사와 사역을 함께 하는 동역자일 뿐 아니라, 언젠가 사역을 넘겨받아야 할 이들이며, 현지의 다른 교단과 연결하는 다리 역할도 할 수 있다.

박명하 선교사는 교회 개척과 예배당 건축 시에 현지인들이 총건축비의 40~50% 정도를 감당하게 한다. 무턱대고 크고 멋있게 짓는 것이 아니라, 현지 상황을 고려하여 적정 규모의 예배당 크기를 결정하는 데 도움이 되는 건축 가이드라인을 제공한다. 또한 신학교 졸업생 중에 영적 코드가 맞는 현지교회 지도자 10명을 supervisor로 따로 세워 정기모임을 가지며 친밀한 관계를 유지하고 있다.[16)]

교회는 목회자의 비전만큼 성장할 수 있다. 박명하 선교사는 현지 목회자들의 영적 성장과 개발을 돕기 위하여 다양한 모임과 세미나 등을 개최하고 있다. 선교사는 저들의 목회 비선과 활동 현황 등을 파악하고 필요한 것을 채워주고 격려하며, 현지인들 스스로 자신들의 교회를 세워나갈 수 있도록 돕는 자로 남아야 한다.

종합하면, 예배당 건축에서 선교사가 주도권을 쥐지 말아야 하며, 몇 발짝 뒤로 물러나 있어야만 한다. 현지인들이 자신들의 교회를 건축할 때 선교사를 지나치게 의존하지 않도록 해야 한다. 선교사가 지원할 것을 알게 되면 교인들은 방관자나 구경꾼이 되어, 건축헌금에 참여하지 않게 될 것이다. 그러므로 선교사는 현지 목회자와 사전에 꼼꼼히 계획을 세워야 하며, 선교사는 건축이 어느 정도 진척될 때까지는 얼굴도 내밀지 않는 것이 좋다.

1) 장로회신학대학교 신대원 졸업 후, 군목으로 3년 6개월을 복무했으며, 제대 후에는 서울 신광교회 부목사로 11년을 봉직했다.
2) 바이블 타임은 성경을 가지고 개인 QT를 할 수 있도록 도우며, 모일 때마다 함께 예배하며 성경공부, 성구 암송을 통해 신앙을 권면한다.
3) 1992년 1월 장신대 신대원 71기를 중심으로 발족한 온두라스 선교회 파송으로 사역을 시작하였으며, 1993년 5월 총회 선교사 파송장을 받았다.
4) "중남미서 가톨릭 약화 개신교 득세" (2022.01.12. 기독일보), https://www.christiandaily.co.kr/news/111522#
5) 박명하 선교사는 건축비의 약 50%는 현지교회가 부담하게 하는 것이 좋다고 말한다.
6) 예배당 건축비는 외부와 내부 자재에 따라 달라지며, 추운 지방의 건축비는 더운 지역보다 두 배나 많이 든다.
7) 지역에 따라 40% 이상을 감당하는 교회도 있고, 40%도 감당할 수 없는 곳도 있을 것이다.
8) 무교회 지역에서 전도나 교회 개척을 할 때 심한 박해나 방해를 받기도 하지만, 교회설립에 호의적인 지역도 있었다고 한다.
9) 교회 부지를 기증받거나 매입한 후에는, 교회 명의로 등기가 되어 있는지 확인한다.
10) 모래와 자갈 등의 건축자재는 가까운 강이나 하천에서 퍼오도록 한다. 건축할 예배당 크기는 마을의 주민 숫자와 성도들의 숫자 그리고 아이들 숫자를 고려하여 정한다. 예배당 크기를 예상하여 땅 파기를 시작한다.
11) 선교사는 건축에 필요한 물품을 조금씩 지원하며, 현지에서 구입할 수 없는 건축 자재는 한국에서 구입한다.
12) 선교사는 건축 후에는 현지교회나 목회자를 재정적으로 지원하지 않는다. 다만 목회자가 자녀 학비로 어려워할 때 적은 액수를 지원해 준 적이 몇번 있다. 모든 지역을 담당하는 현지 지도자(슈퍼바이저)들에게는 교회를 돌보라는 책임감을 부여하기 위해 약간의 지원금을 정기적으로 지원한다.
13) 지난 30년간 200여 곳의 예배당을 건축하는 동안, 100% 전액을 지원한 교회는 단 한 곳도 없었다.
14) 시골 산악의 극빈 지역의 경우, 총건축비의 80~90% 정도를 지원한 곳이 몇 군데 있었다.
15) 더 크고 웅장하게 교회를 지으려는 유혹에 빠지는 이유는 자신들의 교회 이름이 들어가기 때문이다.
16) 이들은 예배당 건축에 필요한 인부들을 추천하고, 건축을 감독하며, 건축자재 구입 시 가격을 알아보는 등의 조언을 제공해준다. 선교사는 매월 모임을 통해 이들과 예배당 건축, 무교회 지역에 대한 정보, 설립된 교회 현황 등에 대한 보고와 의견을 나누며, 이들은 현지교회 성장을 위한 자문역할을 수행하고 있다.

제8장

말레이시아 교단과의 협력

- 현지교회 예배당 건축 지원 -

남명현 선교사(에큐메니컬 선교협력) 사례

"지금 내가 여러분을 주와 및 그 은혜의 말씀에
부탁하노니 그 말씀이 여러분을 능히 든든히 세우사
거룩하게 하심을 입은 모든 자 가운데 기업이 있게 하시리라"
(사도행전 20:32)

1. 선교사역 소개

2003년 7월 대한예수교장로회 통합 총회(PCK) 선교사로 파송된 이후 남명현 목사는 19년간 말레이시아에서 사역하고 있다.[1] 그는 PCK의 선교동역자로서 본 교단과 동역 관계에 있는 말레이시아 동부의 사바 보르네오 복음교단(SIB Sabah)에 속한 교회들을 연결하는 에큐메니컬 협력 선교를 감당하며, 통전적 선교(holistic mission)를 지향한다. 그는 SIB 교단 목회자(500여 명)와 교회의 자립 그리고 교인들의 소득 증대를 목표로 SIB 교단 목회자들과 자연과학 생명농업 사역을 추진하고 있다. 이와 연계하여 SIB 교단의 700여 교회와 함께 건강한 먹거리 운동과 자연환경 보호 운동을 전개하고 있다.

남명현 선교사는 사바 보르네오 복음교단의 공식 요청에 따라 SIB 교단 신학교인 보르네오 신학교(Borneo Theological Seminary, BTS)와 장로회신학대학교와 상호협력을 위한 양해각서(MOU, 2018년)와 상호협력을 위한 합의각서(MOA, 2019년) 체결에 중재 역할을 하였다. 그는 말레이시아 동부 보르네오섬 사바주(州)에 있는 BTS가 장신대의 도움으로 조직신학, 성서학, 기독교 교육학 등의 분야에서 균형 잡힌 신학을 정립하기를 기대하고 있다.

또한 장신대와의 교류를 통해 BTS 교수진의 학문적 역량 향상, 도서관 시설 및 교과과정의 업그레이드를 기대한다. 그리하여 BTS가 SIB 교단에 양질의 목회자를 공급하는 시스템을 구축하고, 궁극적으로 SIB 교단 스스로 건강한 신학을 형성할 수 있기를 바란다.

*** 남명현 선교사 프로필**

- 1989.02 장로회신학대학교 신학과
- 1992.02 장로회신학대학교 신학대학원(M.Div.)
- 1992.03~1999.07 인천제삼교회 전임전도사, 부목사
- 1999.07~2002.09 서울 산성교회 부목사
- 2003.08 장로회신학대학교 세계선교대학원(Th.M. in Missiology)
- 2003.07~현재 총회 파송 말레이시아 선교사[2)](에큐메니컬 선교동역자)
- 2007~현재 보르네오 신학교(BTS) 강사
- 2014.02 주안대학원대학교 박사(Ph.D./선교학)

• 2014.04.06 예장총회(PCK)–사바 보르네오 복음교단 Mission Statement 체결 주선

2. 코타키나발루 루민딱 교회 개척과 예배당 건축

1) 루민딱 마을 및 교회 소개

루민딱(Lumintak) 교회는 사바주(州)의 주도인 코타키나발루(Kota Kinabalu)에서 자동차로 4시간 정도 떨어진 시골 농촌지역에 있다. 참고로, 사바주에서는 1972~1973년 사도행전 2장과 같은 강력한 성령의 역사가 나타났었다. 몇몇 전도자들이 쌀을 등에 지고 다니면서 식사를 해결하며 뻰시앙안 지역을 순회하며 전도하였다. 이러한 순회전도는 1990년대 후반까지 지속되었다. 또한 1970년대 후반에 뻥시앙안 정글 지역의 마을 주민들이 시골 지역으로 대대적인 이주가 있었다.

대부분의 루민딱 주민들은 식량 부족으로 40여 년 전에 정글 마을에서 이주해온 사람들이며, 교인들은 소수의 중류층과 다수의 하류층으로 구성되어 있다. 교인 대부분은 재래 농업에 종사하고, 공무원 한 가정이 출석하며, 가정 당 월 소득은 120,000원~360,000원($100~300)이다. 2021년 1월 부임한 루민딱 교회 목회자는 아즈미 존(Azmi John) 목사이며,[3] 그는 신학사(B.A.) 학위 소유자이다.

2) 루민딱 교회 예배당 설립 배경

① 예배당 부지 헌납

처음에 예배당만 지을 수 있는 331㎡(100평/300만 원) 정도의 부지를 둘러보았으나 그 땅이 다른 이에게 팔리고 말았다. 이후 한 교인이 11,901㎡(3,600평)를 교회 부지로 기증하겠다는 의사를 표명하였으며, 그 땅을 기증받은 후에 토지대금이 아닌 감사의 표현으로 한화 약 450만 원(15,000링깃)을 전달하였다.

② 교회설립의 필요성

루민딱 마을에 교회가 없었기 때문에 루민딱에 살면서 빼깐 교회(SIB Pekan) 예배에 참석하는 성도들이 예배당 건축을 간절히 원했다. 그 이유는 빼깐 교회와 지리적으로 700m~1,000m 떨어져 있어서 마을 주민을 전도하기가 쉽지 않았으며, 비가 올 경우에 빼깐 교회 가는 도로가 침수되어 교회 출석이 어려웠기 때문이다. 또한 루민딱이 속한 나바완(Nabawan) 지역은 사바주 정부에서 이주민 정착을 위해 (기존의 32가정 외에) 60채의 주택을 새로 건축하는 사업을 진행하고 있었다.

3. 예배당 건축 과정 및 현지교회와의 협력

1) 루민딱 교회 예배당 건축 과정

루민딱 마을에 교회 구역 식구들이 살고 있었으며, 구역 인도자도 거주하고 있었다. 이 구역은 옆 마을인 빼깐 교회에 속해 있었다. 그러던 중에 루민딱 마을에 주민의 이주 정착을 위해서 60채의 새집 건축 계획이 발표됨으로써 예배당 건축이 필요한 상황이 되었다. 그 즈음에 루민딱 마을의 암빠리 빈 싱아(Ampari Bin Singa) 성도가 한국교회가 루민딱에 예배당을 건축하기 위한 부지를 찾는다는 이야기를 전해 듣고는 11,901㎡(3,600평)를 기부하겠다는 제안을 해왔다. 다만, 땅값의 1/10도 안 되는 450만 원을 지원해 달라고 요청했다.[4] 교회에 기부한 땅의 소유권 이전 등기를 마친 후, 교회 건물은 SIB 교단에 등록시키기로 현지교회 지도자들과 결정하였다.

루민딱 교회는 11,901㎡(3,600평)의 부지에 예배당, 목사관 그리고 마을 사람들을 위해 센터를 짓기로 했다. 1,984㎡(600평) 부지에 예배당과 목사관 그리고 북 카페(Book Cafe)를 건축하였으며, 9,917㎡(3,000평)의 부지에는 자연과학 생명농업 시범농장을 만들어 나바완 지역의 지도자들과 주민들을 훈련시키는 센터로 조성하려고 준비하고 있다.[5] 이 센터는 최첨단 무농약 농법을 사용하는 친환경 농산물을 생산하는 농장으로 키워나갈 것이다. 이 사역을 전담할 나바완 지역의 닐로(Ngiloh) 장로가 한국에 나와 3개월간 자연과학 생명농업 연수를 받기도 했다.

2) 예배당 건축과 한국교회의 협력

정글에 위치한 루민딱 교회의 예배당 부지를 평지로 만드는 개간 작업을 거친 후, 2018년 예배당을 완공하였다. 그 후 2019년 SIB 교단에서 루민딱 교회에 전임 목회자를 파송했다. 2020년 1월 성인과 어린이를 포함하여 30명 교인으로 시작한 루민딱 교회는 2021년 8월 현재 18가정의 교인들이 있으며, 성도 수는 106명(성인 50명)이다.

예배당 건축 시에 한국교회는 건축 자재만을 지원하고, 노동력은 현지교회와 이웃 교회의 자원봉사자들이 함께 건축에 필요한 노동력을 제공하였다.[6] 예배당 부지는 현지 교인이 헌납했기에 총공사비 중에 현지교회와 한국교회의 부담 비율은 50% 대 50% 정도가 되었다. 건축하는 교회와 이웃 교회 지도자와 봉사자들이 일주일씩 혹은 일주일에 하루씩 시간을 내어 자발적으로 예배당 건축을 도왔다. 타일, 목수, 벽돌 쌓기, 미장(벽이나 바닥에 시멘트 바르기) 기술을 가진 봉사자들이 무급으로 일했으며, 그 외 잡일을 돕는 자원봉사자들도 있었다.

3) 현지교회의 유치원 사역

루민딱 교회 예배당 건축과 함께 자립선교 방안의 하나로 자연과학 생명농업(Natural Science Life-Giving Agriculture)을 추진하였다. 이와 함께 보르네오 복음교단(SIB)은 유치원 사역을 활발하게 추진하고 있다. 참고로, 2021년 현재, 사바주 전역에 보르네오 복음교단 소속으로 개원한 유치원은 70여 개에 이른다. 그 이유는 이슬람이 국교인 말레이시아 정부가 사바주(Sabah)와 사라왁주(Sarawak)에 수많은 국공립 유치원을 설립하고, 이를 통해 기독교 어린이들을 이슬람화하려고 하기 때문이다.

유치원을 통한 이슬람 확산정책에 대항하여, 말레이시아 동부의 사바 보르네오 복음교단(SIB Sabah)은 2015년부터 서말레이시아 교단에 속한 쿠알라룸푸르 교회의 영어예배 서비스(SIB Semenanjung K.L.(E))의 지원을 받아 교회 내 유치원 사역을 전개하고 있다.

현지 교단을 통한 이러한 자립방안이 순조롭게 진행되면 몇 가지 효과를 기대할 수 있다.

첫째, 루민딱 유치원(현재 교사 1인, 어린이 15명 내외)의 교사 월급을 지급할 수 있다.[7] 둘째, SIB 교단 본부에서 지급하고 있는 목회자 사례비도 감당할 수 있게 될 것이다. 셋째, 자연과학 생명농업 센터를 나바완 지역 전 주민을 대상으로 하는 자립선교 교육 센터로 활용하여 각 마을과 교회에 자연과학 생명 농업을 교육하고 보급하려고 한다.

4. 정글 예배당 건축과 지원

1) 예배당 건축 과정 10단계

남명현 선교사는 개인적인 지원 요청은 받지 않고, 현지 교단을 통한 예배당 건축 지원 요청만을 받는 원칙을 고수하고 있다. 예배당 건축 과정은 일반적으로 다음과 같은 순서를 따른다.

1단계: 건축할 예배당 규모, 건축재료 내역을 교단 본부로부터 접수
2단계: 한국 후원교회에 선교지 예배당 건축 상황과 절차 설명
3단계: 현지교회 담임목사, 구역장, 제직들에게 건축 과정 설명
4단계: 한국교회의 건축 후원금을 현지 교단 본부의 재정부에 입금
5단계: 건축할 현지교회 대표와 함께 건축 자재상에 가서 자재 주문
6단계: 현지 교단 본부에서 건축 자재상에게 자재비 입금
7단계: 현지교회 대표들이 필요한 자재를 넘겨받아 예배당 건축 시작
8단계: 현지 교단 대표, 한국교회 방문팀, 현지교회 성도들과 헌당예배 드림
9단계: 완공 후 매년 몇 차례 만나 교회 상황과 미래계획을 듣고 목회 권면
10단계: 현지교회를 위해 계속 기도하며, 소셜 미디어(SNS)로 현지교회와 정기적으로 소통

2) 남명현 선교사의 교회 개척 및 예배당 건축 매뉴얼

1. 건축비 전체(100%)를 지원하지 않고, 일부(건축 자재비)만을 지원하였다.[8)]
2. 예배당 건축을 지원하더라도, 현지교회에 한국교회 이름을 붙이지 않았다.[9)]
3. 현지 교인들이 건축비의 일정 부분을 감당하려고 할 때까지 인내하며 기다렸다.[10)]
4. 경제적 지원만을 하지않고 현지교회와 협력하고 동역하는 관계를 형성하였다.[11)]
5. 예배당 건축이 끝난 후에 현지교회의 담임목사로 사역하지 않았다.
6. 현지교회와 한국 후원교회(후원자)를 연결하는 역할만을 감당하였다.
7. 선교사는 현지교회를 신뢰하고 예배당 건축 과정에 개입하지 않았다.[12)]
8. 현지 교단 총회 본부의 재정부에 건축비를 맡김으로써, 지역 전도부 임원들이 책임을 갖고 건축을 진행하게 하였다.[13)]
9. 권한 위임(empowerment)을 통해 현지교회 지도자들이 선교사 눈치를 보지 않고 주인의식을 갖고 사역하게 하였다.[14)]
10. 한국교회와 선교사는 돕는 역할을 할 뿐이라는 점을 현지교회 지도자와 성도들에게 반복적으로 설명하였다.[15)]

5. 선교지 예배당 건축을 위한 제언

남명현 선교사는 지난 19년 동안의 말레이시아에서의 교회 개척과 예배당 건축 경험을 바탕으로 다음과 같은 실제적인 교회 개척 방안을 제시한다.

첫째, 예배당 건축 지원 시, 건축 자재비만을 지원하라. 남명현 선교사는 한국교회가 많이 지원해 주면 줄수록, 현지교회의 영적인 힘은 약해질 것이라고 본다. 초기 단계에서는 한국교회의 지나친 지원이 현지교회에 도움이 될지 모르지만, 장기적으로는 현지 교인들의 신앙에 오히려 해가 될 것으로 생각한다. 예배당 건축비를 전액 지원하면, 현지교회의 의존성은 강해지고 자립심은 약해지기 때문이다.

둘째, 현지 교단 지도자들과 친밀한 관계를 형성한 후에 협력 선교를 시작하라. 선교 현지의 교단과 개인적으로 친밀한 관계 형성과 유지에 주안점을 두어야 한다. 그동안 한국교회와 선교사들은 현지 교단과 선교 협약을 맺은 후에도, 협의하면서 사역을 하기보다는 자신들의 방식을 고집해 온 것이 사실이다. 그러므로 이러한 일방통행식 선교를 지양하고 현지교회와 함께 협의하고 협력하고 함께 선교하는 방향으로 나가야 한다.

셋째, 현지 교인들 스스로 일정 부분을 먼저 드리도록 한 후, 나머지를 돕도록 하라. 남명현 선교사가 사역하는 동말레이시아 사바주는 극빈층 비율이 61%로 높다.[16] 이들의 자립 의식을 강화하기 위해 현지 교단이 예배당 건축을 요청하더라도, 현지 교인들이 건축비 모금에 부분적으로 참여한 후에 건축비 지원을 한다. 즉, 교인들 스스로 일정 부분을 감당할 때까지 기다린 후에, 건축 자재비만을 지원한다.[17] 예배당 건축은 현지교회 주도로 추진되어야 하며, 한국교회와 선교사는 돕는 역할만을 감당해야 한다.

넷째, 선교지 예배당 건축을 지원하더라도, 현지 목회자 사례비 지원은 하지 말라. 한국교회는 선교지에 수많은 예배당 건축 지원 프로젝트를 추진해왔다. 건축비 지원뿐 아니라 예배당 건축 후에 현지교회 목회자 사례비를 지원하는 경우도 많았다. 남명현 선교사는 예배당 건축을 지원한 후에, 현지 목회자 생활비나 교회 운영비를 지원하지 않는다. 하지만 필요한 경우에, 그리고 자원하는 후원자가 있을 경우에, 현지 교단으로부터 소개받은 지역의 목회자 가정 자녀 중에서 한 명을 선정하여 고등학교 졸업 때까지 매달 10만 원씩 지원하는 장학사업을 추진하고 있다.

다섯째, 현지교회를 지원하다가 갑자기 중단하지 말고 점진적으로 지원 액수를 줄여나가라. 현지교회에 대한 지원을 갑자기 중단하면 안 된다. 현지교회에 막대한 피해가 발생하고, 그때까지 기울인 많은 노력과 지원이 한순간에 헛수고가 될 수 있기 때문이다. 1970년대에 독일교회가 말레이시아 개신교 목회자 200여 명에게 지원하던 생활비 지원을 갑작스럽게 중단함으로써 이런 일이 발생한 적이 있었다.[18] 그러므로 급작스러운 지원 중단이 발생하지 않도록 유의해야 하며, 장기적으로 현지교회가 재정적 부담을 스스로 늘려가도록 해야 한다.

여섯째, 도시 예배당과 시골 예배당 건축에는 비용 차이가 크다는 점을 인식하라. 도시교회는 예배 처소 임대료나 건축비가 많이 소요되고, 지역 내 인구이동이 빈번하며, 초기 개척비용이 많이 들어간다. 이와 다르게, 시골교회는 마을 단위로 예배당을 건축하면, 주민들의 인구변동이 거의 없기에 30년 이상 동일한 예배당을 사용할 수 있다. 교회 개척 지역에 따라 예배당 건축비는 상당한 차이를 보이게 된다. 남명현 선교사는 시골 지역 6곳에 예배당 건축을 지원했으며, 도심지 교회의 건물 임대료 일부를 지원한 경우가 한 번 있었다.[19)]

일곱째, 한국교회가 보내온 선교 건축헌금에 담긴 사연을 현지 교인들에게 설명하라. 한국교회 후원으로 사바주(州) 코타키나발루(Kota Kinabalu)에 건축된 예배당이 여섯 곳이다.[20)] 이 교회들은 모두 건축 자재비만을 지원받았다. 이처럼 남명현 선교사는 예배당 건축 지원 시, 건축 자재비만을 지원하는 원칙을 세우고 지켜나가고 있다. 6개 교회 중에 끈다쌍 교회의 예배당은 한국의 한 작은 교회가 5년간 선교비로 저축한 1,000만 원을 지원하여 건축하였다. 이러한 사연을 현지교회 지도자와 성도들에게 설명했더니, 건축을 담당하던 교회 집사가 2,000만 원을 개인적으로 더 보태어 애초 계획보다 2배로 더 크게 짓기도 하였다.

여덟째, 선교지 도심지 교회(화교 교회)와 협력하여 시골의 오지 선교를 추진해보라. 남명현 선교사는 말레이시아로 파송된 이후 2004년 3월부터 사바 보르네오 복음교단(SIB Sabah)의 리카스(Likas) 교회에 출석하며, 목회 자문, 협동 장로로 협력 사역을 해왔다. 또한 선교 초기에 중국어로 예배

드리는 말레이시아 화교(華僑)가 주축인 임마누엘(Immanuel) 교회 담임목사의 요청으로 약 1년간 청소년부 말레이어 예배 설교를 담당하기도 하였다. 한국 선교사가 나바완 지역의 현지 동역자들과 함께 편도 7~9시간이나 걸리는 정글 지역을 오가며 복음을 전하는 것을 목격한 현지의 도심지 교회들이 2015년 초부터는 선교사역에 참여하기를 원했다. 그 결과, 상기한 두 교회 대표들이 정글 지역을 함께 둘러본 후, 남명현 선교사가 추진하는 정글 오지의 예배당 건축 사역을 두 교회 모두 지원하고 있다.[21)]

아홉째, 현지교회를 지원하더라도 현지 지도자들이 주도적으로 추진하게 하며 선교사가 전권을 휘두르지 마라. 남명현 선교사는 권한위임을 통해 선교사-현지 리더 간에 신뢰감을 형성하며, 현지인들이 일을 통해 성숙할 수 있는 기회를 제공하고 있다. 선교사가 현지교회를 지원하고 재정에 깊이 관여하게 되면, 현지인들과의 관계가 종속적으로 되기 쉽다. 선교사가 현지 교단을 믿고 재정에 관계하지 않아야, 현지인들이 책임감을 느끼고 강한 연대감과 결속력으로 일하게 된다. 그러므로 그는 현지 교단과 현지교회가 건축재정을 주관하도록 위임하고 있다.

열째, 한국 선교사와 현지교회와의 협력 모델 사례를 만들어보라. 그 결과, 말레이시아 도시교회의 지원으로 정글 지역에 2곳의 예배당을 세웠다. 참고로, 2016년 사바주 정글 지역인 나바완(Nabawan)의 뻰시앙안에 건축된 스불루(Sebuluh) 교회는 코타키나발루 도심에 있는 리카스(Likas) 교회로부터 약 1천만 원 지원을 받아 세워졌다.[22)] 2016년 사바주 시골 지역인 뻉시앙안(Pensiangan)에 설립된 시방알리(Sibangali) 센터는 코타키나발루 도심에 있는 중국계 화교 교회인 임마누엘(Immanuel) 교회[23]로부터 1,400만 원의 지원을 받아서 건축하였다.[24]

이처럼 남명현 선교사는 한국교회의 지원이 필요하거나 가능한 경우에도, 현지의 대형교회나 도심교회가 협력하여 정글교회 예배당 건축에 참여하도록 함으로써 한국 선교사와 현지교회와의 협력 사역 모델을 보여주고 있다.[25]

6. 남명현 선교사 사역 평가

신학자 에밀 브루너(Emil Brunner)의 말처럼, 선교는 교회의 본질적 사명이며, 교회는 선교함으로 존재한다. 그러나 한국교회는 선교를 교회의 액세서리나 교회 성장의 방편으로 이해한 경향이 많았다. 남명현 선교사는 한국교회는 선교지에서 현지교회와 협력하여 자립 선교의 모델을 만드는 패러다임의 전환을 필요로 한다고 생각한다.

"어떻게, 한국교회가 현지교회의 예배당 건축을 지원하는 건강한 모델을 만들어 갈 것인가?"라며 고민을 해왔던 남명현 선교사는 에큐메니컬 선교동역자로서 본 교단(PCK)과 협력관계에 있는 말레이시아 사바 보르네오 복음교단(SIB Sabah)과의 건강한 예배당 건축 협력 모델과 협력방안을 제시하고 있다. 그는 현지 교단 본부에 거주하며 교단의 주요 임원들과 친밀한 관계를 바탕으로 다양한 자립 선교사업을 추진해왔으며 또한 계획하고 있다.

남명현 선교사는 현지의 개인적인 후원 요청은 받지 않고 있으며, 현지 교단을 통한 예배당 건축 지원 요청만을 지원 대상으로 고려하는 원칙을 고수하고 있다. 일방적 시혜에서 벗어나 현지 교단과 함께 협력하며 돕는 방식을 추진하고 있다. 남명현 선교사는 예장 통합 교단과 사바 보르네오 복음교단 간에 에큐메니컬 동역 선교를 위한 가교 구실을 충실히 감당하여 인적 자원 교류가 활성화될 뿐만 아니라, 두 교단 신학교 사이에도 활발한 학문적 교류와 협력이 추진되기를 기대한다.

종합하면, 남명현 선교사는 현지의 도시교회들과 개방적인 소통을 통해 그들을 이해하고 친밀한 관계를 형성하려고 노력한다. 이를 기반으로 한국교회뿐 아니라 선교지 도시교회와 함께 가난한 시골이나 정글 지역의 예배당 건축을 추진하는 선교 협력 모델을 개발하기 위해 노력하고 있다.[26)]

1) 말레이시아는 말레이반도의 서(西)말레이시아와 보르네오섬 북부의 동(東)말레이시아로 구성되어 있다.

2) 사바 보르네오 복음교단(SIB)은 코타키나발루에 있는 교단 본부 내에 남명현 선교사 부부에게 사택을 제공하고 있다.

3) 담임 목사가 오기 전 2년 동안 SIB 교단 뻐깐(Pekan) 교회의 목사가 설교(말씀 봉사)만을 해 주었다.

4) 땅의 소유권을 나바완 노회로 등기 이전한 후에 450만 원을 지불하였다.

5) COVID-19로 인하여 진행이 늦어져서 현재 건축 중에 있다.

6) 봉사자 대부분은 50~70세 연령대로 오랜 건축 경험을 가진 이들이 많았다. 자동차로 1~3시간 걸리는 이웃 교회나, 3시간 이상 걸리는 먼 교회에서 올 때도 있었다. 건축할 교회 성도들이 봉사자들의 식사를 준비하였으며, 가난한 지역에서는 봉사자들이 식사 재료와 취사도구를 가지고 와서 조리하여 해결하기도 했다.

7) 2020년 1월 서말레이시아 보르네오 복음교단의 영어예배 서비스의 후원을 받아 교보재 지원을 받았으며, 2년간 사바 보르네오 복음교단 본부의 유치원 본부가 교단 교회들의 후원을 받아 유치원 교사 월급을 지원하고 있다.

8) 현지교회에 재정적인 도움이 필요할 때도, 최소한의 비용만을 지원해야 한다.

9) 후원해 준 한국교회의 요청이 있을 때, 교회 이름을 현지교회 머릿돌(예배당 입구 오른쪽 중간이나 아래) 혹은 현지교회 지도자들이 원하는 곳에 새겨 넣기도 한다. 다만, 1년 후에는 제거하도록 권면한다.

10) 현지인들이 주도적으로 할 때까지 기다려야 한다. 현지교회가 예배당 건축을 요청하고, 교단 본부도 요청했는데, 선교사의 판단에 현지 교인들 스스로 할 수 있을 것으로 판단하고 3년을 기다렸더니, 그들이 자력으로 예배당을 지은 사례도 있었다.

11) 그 결과, 현지교회는 선교사를 하나님 나라의 진정한 동역자로 받아 주었다.

12) 건축의 필요성을 점검한 후에 돕기로 결정하면, 선교사는 건축에 관여하지 않는 것이 좋다.

13) 외부에서 선교사가 재정권을 가지고 돕게 되면, 현지 교인들이 주님을 의지하기보다 선교사를 의지하게 된다. 선교사가 재정에 관계하지 않아야, 완공 후에도 현지 교단에 속한 교회라는 소속감이 강화된다.

14) 현지 교단 본부의 재정부가 건축재정을 주관하도록 위임하고, 나바완 지역의 전도부 임원들이 권한과 책임을 갖고 예배당 건축 과정을 감독하도록 했다. 건축 후에, 현지 교단과 나바완 지역의 임원들 스스로 주인의식과 책임감을 느끼고 교회 건물을 관리하고 있다.

15) 선교사 개인 재정으로 돕는 것도 아닌데, 선교사가 현지교회를 좌지우지해서는 안 된다.

16) 2021년 말레이시아 국민 소득은 $11,600이며, 극빈층이란 월 소득 120,000원($100) 미만으로 생활하는 사람들을 일컫는다. 서말레이시아의 극빈층은 6% 미만이지만, 동말레이시아 사라왁주의 극빈층은 9%로 높은 편이다.

17) 전체 건축비의 10%는 건축 감독의 교통비로 지원한다.

18) 1970년대 초까지 독일 루터교회는 말레이시아 사바주(州)의 사바 장로교회(Presbyterian Church of Sabah, PCS) 교단의 목회자 생활비를 매달 120,000원($100)씩 지원했다. 그런데 독일교회가

지원을 갑자기 중단하면서, 200여 개 교회 목회자 중에 50개 교회 목회자가 타 교단으로 적을 옮겨 갔으며, 50개 교회 목회자들은 세상 직업을 갖기 위해 교회 사역을 중단했으며, 100개 교회의 목회자들만 교회를 지켰다. 100여 개 교회 목회자가 갑작스럽게 사임하면서 PCS 교단은 상당 기간 타격을 입었다.

19) 2007년 1월~2011년 2월까지 코타키나발루시(市)에서 남명현 선교사가 현지인 3가정(신학교 교수 1인, 장로 1가정, 집사 1가정)과 교회를 개척할 때, 한국교회가 지원해 준 3,000만 원(100,000링깃)을 교회 건물 임대료 일부로 사용하였다. 당시 설립된 사바 보르네오 복음교단(SIB Sabah)의 알람머스라(Alammesra) 교회는 대학생이 주축된 교회였다. 2011년 3월 남명현 선교사가 안식년으로 떠날 때 120명 교인으로 성장하여 경제적 자립이 가능하게 되었다. 2013년 2월 그가 돌아왔을 때 300명이 출석하는 자립교회로 급성장하였다. 이후 그는 교회를 넘겨주고 다른 사역에 관여하였다.

20) 이 교회들은 코타키나발루 도심이 아닌 외곽에 건축되었는데, 나바완 지역의 루민딱(Lumintak) 교회를 제외하고 폰따스(Pontas) 교회, 까와요이(Kawayoi) 교회, 뿔루딴(Pulutan) 교회, 꾼다쌍 지역의 꾼다쌍(Kundasang) 교회, 땀비아우(Tambiau) 교회 등이다.

21) 정글 선교지 현장 답사 시에 나바완 지역의 사역자들이 코타키나발루 도심교회 대표들에게 예배당 건축 상황과 필요성을 설명하였고, 이후 교회 대표단이 교회로 돌아가 담임목사, 구역장, 제직들에게 상황을 설명한 후 정글 지역 사역을 후원하기로 하였다.

22) 스불루 교회는 한국교회의 재정 지원 없이 건축되었다. 한국에서 지원하겠다는 교회가 있었으나 정중히 거절하였다.

23) 임마누엘 교회는 보르네오 복음교단에 소속된 중국어로 예배를 드리는 2개 교회 중 하나이며, 어린이부터 장년까지 120명 정도의 성도들이 출석하고 있다.

24) 한국교회의 지원 없이 건축하였다.

25) 예배당 건축은 목사 선교사보다는 건축을 전공한 평신도 선교사가 하는 것이 좋다고 그는 생각한다.

26) 도심지 교회와 협력을 통해 사바주 나바완(Nabawan) 지역과 뻔시앙안(Pensisangan) 정글 지역을 개발하고 이곳에 예배당과 마을 사람들을 위한 센터를 건축하려고 한다.

제9장

방글라데시 병원 자립

- 의료선교를 통한 자립선교 -

이석로 선교사(전문인 선교) 사례

"예수께서 온 갈릴리에 두루 다니사
그들의 회당에서 가르치시며, 천국 복음을 전파하시며,
백성 중의 모든 병과 모든 약한 것을 고치시니"
(마태복음 4:23)

1. 선교사역 소개

1994년 5월 11일 제15기 대한예수교장로회 통합 총회(PCK) 선교사 훈련을 받고 전문인 선교사로 파송 받은 이석로 원장(58세)은 지난 28년 동안 방글라데시 수도 다카에서 자동차로 1시간 반 걸리는 농촌에 자리 잡은 꼬람똘라 병원(Karamtola Christian Hospital)에서 의료 사역에 매진하고 있다. 그는 병역면제를 받았기에 군 복무 기간에 해당하는 '3년만' 선교지에서 봉사하고 돌아오려고 광주기독병원 의사직을 내려놓고 선교사로 나갔으나, 현지에 벌여놓은 일을 내려놓고 귀국할 수 없어서 지금까지 선교사로 헌신하고 있다고 한다. 3년마다 "내가 이곳에 여전히 필요한가?"라는 질문을 자신에게 던지며, 현지에 필요한 선교사가 되려고 노력하고 있다.

세계에서 가장 못 사는 나라 중에 하나로 알려진 방글라데시는 국토 면적 147,570km²로서 남한(약 10만m²)의 1.5배 정도이지만, 인구수는 1억 7천만 명이나 된다. 1인당 국내총생산(GDP)은 2,139달러(세계 167위, 2021년 IMF 자료)밖에 되지 않는 매우 가난한 나라이다. 그러나 지난 10년간 평균 6.7% 경제성장률을 기록하며 2026년까지 최빈국 졸업을 위해 애쓰고 있다. 종족 구성은 벵갈족 단일민족으로 민족 갈등은 없으며, 90%가 이슬람교를 신봉하고 있다. 전 국민의 상위 5%에 불과한 상류층이 나라 전체 경제력의 95%를 차지하고 있다. 방글라데시 수도 다카는 인구밀도가 더 심하며, 오래된 자동차들이 내뿜는 매연은 다카의 공기 질을 심하게 오염시켜 '초미세먼지 오염도 1위' 나라로 만들었다.

*** 이석로 선교사 프로필**

- 1989.02 전남대학교 의과대학
- 1994 광주기독병원 가정의학과 전문의 수료
- 1994.5~현재 총회 파송 방글라데시 의료선교사
- 1994~1997 방글라데시 꼬람똘라병원 과장
- 1997~현재 방글라데시 꼬람똘라병원 원장
- 2007 제2회 대통령표창(해외봉사상)
- 2019 제35회 보령의료봉사상(대상)
제31회 아산상(대상)
- 2021 제31회 삼성 호암상(사회봉사상)

2. 의료선교의 신학적 근거

1) 성서적 근거

예수님은 3년여의 공생애 사역에서 인간의 영혼뿐 아니라 육체의 질병도 고쳐 주셨다. 하나님 나라 확장에 있어, 치유는 부수적인 사역이 아닌 본질적인 사역이었으며, 교회는 설립 초기부터 사람들의 영적 필요뿐 아니라 신체적 필요를 채워왔다. 예수님과 사도들의 치유 사역은 단순히 복음 전파의 보조적 수단에 그치는 것이 아니라, 복음 선포와 함께 치유를 통한 섬김과 봉사활동으로 하나님 나라 확장에 중요한 부분을 차지하고 있다. 예컨대, 의료사역은 선교지에서 복음 전파 사역을 준비하는 역할을 감당해 왔으며, 한국을 비롯한 많은 선교 현장, 특히 시골 지역이나 복음에 적대적인 선교 제한 지역에서 복음 전파의 도구로 유용하게 사용되었다.

2) 의료선교 약사

개신교 선교 초기, 서구 선교회에 의해 고용된 의사들은 선교사 직책을 받지 못했으며, 그들의 주된 역할도 선교사업에 있지 않았다. 예컨대, 1840년 영국 성공회 선교부(Church Missionary Society, CMS)는 존 일러트(John Ilott) 의사를 서아프리카에 파송하면서 "당신은 선교사가 아니오. 당신의 임무는 복음 전파에 있지 않소. 온 마음을 다해 질병을 치료하는데 당신의 의학 기술과 경험을 총동원하시오"[1]라는 지침을 내렸다. 이처럼 오랜 기간 동안 의료사역은 복음 전파와 영혼 구원(soul-winning)을 위한 부차적인 사역으로 이해되었다. 그럼에도 불구하고 대부분의 의료선교사들은 의료와 복음전도 사역을 통합하려고 노력하였다.[2]

세계적인 선교 운동이 확장되어 나갔던 19세기 중엽에 의료선교의 중요성이 점차 강조되기 시작하였다. 1844년 영국 성공회 선교부(CMS)는 중국의 각 선교지부(mission station)에 의료선교 포함을 공식적으로 제안하였다. 그 후 의료사역은 기독교 복음을 거부하는 지역에서 '복음 전파의 강력한 증화기'로 인식되어 광범위하게 활용되었다.[3] 1860년 3월 19일~23일 영국 리버풀(Liverpool)에서 개최된 선교사대회는 의료 활동을 선교에 반드시 포함시킬 것을 결의하였다.[4]

1870년에 이르러 의료선교는 복음 전파의 한 방편으로 굳건히 자리 잡게 되었으며, 복음 확장의 가장 효율적인 선교방법이었으며, 한국 개신교 선교도 의료선교사에 의해 시작되었다. 참고로, 1900년에 의료선교사로 파송된 의사, 간호사 수는 650여 명에 이르렀으며, 1925년에는 1,157명, 1932년에는 1,307명이 전 세계의 여러 선교병원에서 사역하고 있었다.[5]

3) 의료선교의 효용

근대 개신교 선교역사에 의하면, 선교사들은 선교지에 근대식 과학과 의료기술을 도입하였다. 많은 경우 선교사들은 시골 지역에 진료소(약국)나 병원을 설립하였으나 제대로 된 의료시설이나 건물도 갖추지 못한 경우가 많았다. 활짝 트인 곳에서 의료선교사들은 치아를 뽑거나, 뼈를 맞추고, 곪은 부위를 절개하고, 상처를 씻어내며, 약을 나누어 주었다. 특히 외과 수술 치료는 그 효과와 구체적 결과가 곧바로 드러나기에 굳게 닫힌 마음의 문을 여는 데 매우 유용한 선교 방법이었다. 그러나 의료사역이 선교지에 자리를 잡기까지는 인내가 요구되었다.[6]

참고로, 아프리카 카메룬(Cameroon)에서 사역했던 의료선교사에 의하면, 아프리카 사람들이 용기를 내어 서양 의료의 도움을 받으러 나오는 데 대개 8년이 걸린다고 한다. 그러나 질병으로 고통받던 이들이 의료선교사의 수술을 통해 완치되면, 선교사와 서양 의술에 대해 품었던 의구심과 우려를 한순간에 떨쳐버리고, 많은 사람이 의사 선교사를 찾아오기 시작한다는 것이다.[7] 이처럼 선교 현지에서 병원-진료소, 약국-시약소, 의학교, 간호학교 등을 통한 의료선교는 아시아, 아프리카뿐 아니라 한국 등의 선교지에서 근대 의료기술 도입과 의학교육에 커다란 공헌을 하였다.

3. 한국해외의료선교회와 꼬람똘라 병원

1) 한국해외의료선교회(KOMMS)

이석로 원장을 파송한 한국해외의료선교회(Korean Overseas Medical Mission Society, KOMMS/콤스)는 국내 7개 기독교병원 직원들이 월급의 0.5 ~ 1%를 떼어 적립한 선교기금으로 운영하고 있다. 1992년 국내의 7개 기독교병원 연합단체인 한국해외의료선교회는 방글라데시 꼬람똘라 병원을 설립했을 뿐만 아니라 의료 인력도 파송하고 있다. 이 선교병원은 다카 외곽 빈민 지역에 거주하며 돈이 없어 의료보험 혜택을 받지 못해 질병 치료를 포기하고 살아가는 대부분의 현지인들에게 저렴하게 양질의 의료 서비스를 제공하고 있다. 이석로 선교사는 한국교회 선교 초기에 미국 선교단체의 지원을 받았던 한국의 선교병원들이 콤스를 통해 방글라데시를 지원하듯이, 방글라데시의 꼬람똘라 병원도 후에 더 어려운 지역을 돕게 될 것이라고 확신한다.

2) 꼬람똘라 선교병원 현황

가정의학과 전문의 출신의 이석로 선교사는 사역 초기 몇 년간 약 처방과 간단한 처치 위주의 진료만을 했지만, 외과수술에 대한 수요를 외면할 수 없었다. 그래서 자신의 급여를 절반으로 나눠 한국에서 외과 의사 한 명이 파견받아 여러 가지 수술도 가능하게 되었다. 또한 광주기독병원, 전남대병원 등과 연계해 방글라데시에서 수년간 국내 의료진의 의료봉사도 활발히 전개하였다. 그 결과, 꼬람똘라 병원은 코로나-19 이전까지 지속적으로 성장하여, 정형외과, 안과, 내과, 치과, 산부인과, 소아과, 이비인후과를 갖춘 50병상 규모에 의사 15명, 직원 120명이 근무하는 종합병원으로 발전하였다. 현재 연간 백내장 수술 1,600건(그중에 350건은 무료 수술), 외과수술 1,000여 건, 하루 약 300명 진료 등 연간 8만 명을 진료하고 있다.

4. 건강한 자립선교를 위한 제언

이석로 선교사는 지난 28년 동안 방글라데시에서 전문인 의료선교사로서 사역하면서 다음과 같은 자립선교 방안을 제시한다.[8)]

첫째, '처음부터' 자립을 염두에 두고 사역을 시작하라. 이석로 원장은 평신도 전문인 의사 선교사이다. 신학교육을 받지 않았지만, 사역 초기부터 '자립'을 끊임없이 강조해 왔다. 방글라데시처럼 가난한 지역에서 어떻게 자립이 가능할까? 이러한 질문을 가지고 현지에 적용 가능하고 지속 가능한 자립기반을 갖추기 위해 노력해왔다. 처음에는 무조건 도와줄 수밖에 없었다고 한다. 그들이 매우 어려운 환경에 처해 있었기 때문이다. 그럼에도 그는 도울 수 있는 부분과 도와주어서는 안 될 부분을 구분하여 처리하였다. 현지 직원들에게 자립을 염두에 두고 헌금하도록 가르쳤으며, 청년들에게도 직업교육을 통하여 자립의 기반을 스스로 마련할 수 있도록 도왔다.

둘째, 긴급한 재난 구호 사역은 지원하되, 그렇지 않은 사역은 무조건 지원하지는 않는다. 물에 빠진 사람은 무조건 구해주어야 한다. 물에 빠져 허우적거리는 사람에게 자립하라고 할 수는 없기 때문이라고 그는 지적한다. 의료 서비스의 경우에도 극빈 계층의 경우에는 이유 불문하고 도와주어야 한다. 다시 말해, 홍수, 지진, 화재, 태풍 등의 자연재해 피해자들을 위한 긴급 구호 대응은 즉각적으로 시행하되, 그렇지 않은 사역은 선교사가 분명한 원칙을 가지고 도와야 한다. 대부분의 의료 사역이 자립이 안 되는 주된 이유는 외국 선교기관의 원조에 익숙해 있는 현지인들이 한순간에 마음가짐과 자세를 바꾸기가 쉽지 않으며, 지원하는 경우에도 이러한 지원이 효과적으로 사용되지 않기 때문이다.

셋째, 무료가 아닌 낮은 수가의 진료비라도 받아야만 지속 가능한 의료사역이 가능하다. 이석로 원장은 꼬람똘라 병원이 외부지원 없이 자립할 수 있도록 체계를 갖추려고 부단히 노력해왔다. 처음 부임했을 때만 해도 진료비는 다른 병원의 10분의 1 수준이었는데 X-ray 장비 등 고가의 의료 장비 하나 없었다. 이후 X-ray와 초음파 검사기 등을 도입하고 유료 진료 비중을 늘려나갔다. 그래도 진료비는 다른 병원의 3분의 1 수준에 불과하다. 주목할 점은 의료 서비스를 무료로 하지 않았기 때문에 병원이 문을 닫지 않고 계속하여 운영할 수 있었다는 것이다. 환자 진료비로 10 타카(한화 150원)를 받았는데, 이는 조금만 일하면 벌 수 있는 차 한 잔 값에 불과하다.

병원을 무료로 운영하면, 새벽부터 환자들이 무더기로 몰려오게 되고 결국 병원은 구호상황으로 변모하고 만다. 그러므로 이석로 선교사는 구호 사업과 의료선교는 구분해야 한다고 주장한다. 참고로, 20세기에 아시아에 세워진 수많은 선교병원이 1970년대에 접어들면서 문을 닫았다. 그 이유는 무료 진료로 수익성 악화가 지속되고, 최신 고가 의료장비를 갖추지 못하게 되면서 선교병원이 현지병원과의 경쟁에서 뒤처졌기 때문이다. 반면에, 초기에 선교병원의 경쟁이 되지 못했던 정부 병원과 사립 병원들이 좋은 의료장비를 갖추게 되면서, 선교병원을 압도하는 역전 현상이 발생하였다.

넷째, 선교사의 일방적인 도움은 독이 될 수 있으므로, 선교사와 현지 교인의 관계가 시혜자(giver)와 수혜자(receiver) 관계가 되지 않도록 조심하라. 이석로 원상은 한국교회의 일방적인 도움은 현지인들에게 오히려 독이 될 수도 있음을 선교지에서 배웠다고 고백한다. 선교사가 자립을 염두에 두고 현지인들을 도울 때도 그들 스스로 자존감을 지켜나갈 수 있도록 배려하는 것이 필요하다고 보았다. 그는 선교라는 선한 동기에 숨어있는 위험 요소를 인식하고 있었다. 선교 대상자들이 처한 물리적 환경이 너무나 안타까워 이들에게 절실한 것을 해결해주는 것을 선교라고 생각한 나머지, 수혜자를 배려하지 않은 채 재정적 도움을 시혜자의 일방적인 심리적 만족감 충족의 방편으로 삼기도 하기 때문이다.

구호와 구제와 같은 자선과 봉사를 하다 보면, 베푸는 사람과 베풂을 받는 사람이 동시에 빠지기 쉬운 함정이 있다. 즉 베푸는 사람은 은연중 자기를 과시하게 되고, 베풂을 받는 사람에 대해 우월적 태도를 갖게 되며, 이들을 수동적인 존재로 만들 수 있는 위험 요소를 지니고 있다. 문제는 이러한 상태가 지속되면 불균등한 관계가 고착되어 둘 사이에 동등한 관계가 형성되기 어렵다.

다섯째, 학비의 49%만 지원함으로써 학생 스스로 주도적으로 학비를 감당하도록 하라. 가난하여 학업을 포기하는 청년들을 돕기 위해 장학사업을 하고 있는데, 장학금을 지원할 때 학비의 49%만 지원한다. 다시 말해, 학비의 절반 이상은 스스로 노력하여 마련하라는 것이다. 선교사가 학비의 100%를 지원하게 되면, 도움의 가치가 훼손될 수 있다고 그는 생각한다. 학비 전액을 지원하게 되면, 장학금 수혜 학생이 친척이나 지역사회와의 관계를 단절하거나 지역에 대한 책임감을 굳이 가질 필요가 없다고 생각할 수 있기 때문이다.

등록금 전액을 지원하면, 선교사가 재정적인 여유가 있어서 돕는다는 인식을 현지인에게 심어주게 된다고 이석로 원장은 생각한다. 아무튼 학생 스스로가 학비의 51%를 감당해야 하므로, 학비 마련의 주도권이 청년에게 주어진다. 학생들의 학비 지원에도 선교사가 주도권을 쥐면 안 된다고 그는 생각한다. 선교사는 그들을 돕는 조력자(helper) 역할만을 감당해야 한다. 그리고 장학금 수혜 학생들에게 지금은 도움을 받지만 언젠가는 남을 돕는 사람이 되라고 가르칠 뿐 아니라, 소속된 학교, 교회 그리고 지역사회를 위해 봉사하도록 요구한다. 이런 방식으로 지금까지 150여 명의 학생에게 장학금을 지원해 오고 있다.

여섯째, 현지의 자립 비율을 점진적으로 높여나감으로써 자립 의료 기반을 다져나가라. 1994년 이석로 선교사가 부임했을 때 30% 자립 비율을 보이던 병원은 3년이 경과한 때에 50~60%로 높아졌으며, 10년 만에 100% 완전 자립에 도달하게 되었다. 병원 시설 지원을 받을 수밖에 없으나 그 외 경비는 유료화한 병원 수익을 통해 감당하고 있다. 즉, 진단 장비 수리와 현지인 의료 요원의 인건비를 지불하고 있다. 또한 매년 20,000달러씩 후원받는 한국교회의 지원비를 병원의 새로운 장비와 시설 투자에 투입하고 있으며, 매년 수입예산 1~2%를 다른 선교사역에 사용하고 있다.

초기부터 자립을 염두에 두고 운영해 온 까닭에 유료 진료 비중을 높여가며, 병원은 외부지원 없이 자립할 수 있는 기반을 마련해 나갈 수 있었다. 현장을 찾아가야만 하는 구호 사역과 달리, 의료사역의 경우 도움이 필요한 환자들 스스로 병원을 찾아오기 때문에 구호 사역은 지양한다. 이러한 확신을 갖고 시작했기에 그는 의료 자립은 가능하며 쉽다고 생각한다.

일곱째, 가난한 교인들의 소득 증대를 위해 실천 가능한 자립사업을 시도하라. 병원 자립뿐 아니라 현지인 개개인의 자립도 중요하다고 판단하여, 경제적으로 매우 어려운 지역인 꼬람뚤라 마을 사람들의 소득향상을 위해 염소 분양, '릭샤'(Riksha, 인력 자전거) 대여, 유실수 묘목 분양, 마을 우물 파기 등의 개발 사업을 전개하였다.[9] 여인들에게 어린 암염소 새끼를 나누어 주고 새끼를 낳으면 염소 새끼를 돌려받아, 다른 가족에게 분양하였다. 릭샤를 구입할 목돈이 없어 비싼 돈을 주고 대여하는 남성들을 위해 릭샤를 제공하고 매일 조금씩 갚아나가게 하는 대여사업을 통해 자립할 수 있도록 했다.[10)]

릭샤 하루 임대료가 30타카(450원)인데 300일 동안 빌리면 1대를 살 수 있는 비용이 든다는 점에 착안하여, 릭샤 10대(대당 150달러)를 구입하여 대여해 주었다. 이론적으로 보면, 릭샤 운전사는 10개월간 나누어 임대료를 갚으면 빌린 릭샤는 자신의 소유가 되고, 선교사는 또 다른 릭샤를 대여해 줄 수 있는 수입이 들어와야 한다. 그러나 실제로 성공한 비율은 10%, 즉 10명 중에서 1명만 성공을 거두었다. 대부분 팔아먹거나 잃어버리고 말았는데, 그 이유는 자립에 대한 의지와 가난에 찌든 자기 삶의 태도를 바꾸지 않았기 때문이다. 그러나 자기 소유의 릭샤를 갖게 된 이들은 자립에 성공했을 뿐 아니라, 또 다른 릭샤를 구입할 수 있게 되었다. 이러한 시도는 교인들의 자립 의식 고취에 매우 중요하며, 이로써 현지교회의 자립 기초를 마련할 수 있게 되었다.

여덟째, 매칭펀드(matching fund) 후원을 통해 서로 돕는 상호부조를 실천하라. 이석로 선교사는 직원이 상(喪)을 당하거나 큰 수술이나 치료비가 필요할 때, 상호부조의 방식으로 이 문제를 해결하고 있다. 이런 일이 발생하면 모든 직원에게 공지한 후, 일정 액수(천원, 5천 원, 1만 원 등)를 내도록 한다. 이후 일정 금액이 모이면, 선교사 혹은 병원에서 그 금액만큼을 '매칭'하여 현지 직원의 목돈 형성을 돕는다. 이처럼 현지인들에게 인센티브를 제공하여 이들 스스로 자발적으로 참여하고 돕도록 유도한다.

일반적으로 부조금 액수는 정해져 있지 않지만, 평상시에 얼마나 다른 직원들을 돕거나 돌보는 일을 잘했느냐에 따라 부조 금액이 정해진다. 그러므로 서로의 형편을 돌아보고 어려운 동료를 돕는 활동에 앞장선 직원의 경우에는 더 많은 금액이 모이고, 인색한 직원인 경우는 지원 액수가 적을 수밖에 없다. 직원들이 부조금 액수를 많이 모을수록 병원에서 더 많이 후원하기 때문에 직원들은 모두 주위를 돌아보고 돕는 좋은 직원이 되기 위해 노력하게 된다. 이석로 선교사는 교회 건축(개척)의 경우에도 50% 정도의 매칭펀드를 통한 지원을 제안한다.

아홉째, 현지인들을 지원하되, 이들의 자존감을 해치지 않도록 조심하라. 일방적인 도움은 오히려 현지인들에게 독이 될 수 있다는 사실을 배웠다고 이석로 선교사는 토로한다. 또한 현지인들의 자립을 돕는 과정에서 이들의 자존감을 짓밟지 않도록 조심하면서 도와야 한다. 단적인 예로, 이석로 원장은 병원에서 일하는 의사, 간호사 그리고 모든 직원에게 존칭을 사용한다. 이를 통해 현지 직원들은 자신들이 존중받으며 가치 있는 존재라는 느낌을 받는다고 증언한다.[11] 선교사가 모든 것을 다 해 줄 것이라는 생각을 현지인들이 갖게 해서는 안 되는데, 그 이유는 받는 사람도 고마움을 모르게 되기 때문이다.

가능하면, 선교사가 하는 일을 줄이고 현지 공동체가 돕는 일을 늘려야 사회가 더 따뜻해지고 실질적 도움을 줄 수 있다고 이석로 원장은 확신한다. 1주일에 한 번 모이는 직원 예배 때에도 헌금을 하게 하며, 모인 헌금은 다른 이들을 돕도록 한다. 도움만 받는 것이 아니라 다른 이들을 돕게 하는데, 남을 돕는 일은 직접 하는 것이 서로에게 선한 영향력을 미치기 때문이다. 과거에 서구교회의 도움을 받았던 한국교회가 이제는 남을 돕는 것처럼, 방글라데시 교회도 언젠가 다른 나라를 돕는 때가 오기를 기대한다.[12)]

5. 구호를 넘어 자립선교를 지향하며

1) 빈민층을 위한 자립 의식 고취

이석로 선교사는 초지일관 자립을 강조하며 자립의 관점에서 선교사역을 추진해 왔다. 그는 극도로 가난한 지역에서도 현지인들의 자립 의지를 키울 필요성을 강조한다. 그는 최빈국 방글라데시에서도 자립선교를 위한 다양한 시도를 하였을 뿐 아니라 실제로 가능함을 보여주고 있다. 그는 병원 사역 이외에도 여자 간호학교, 빈민가 유치원 등 다양한 사회개발 사업을 전개하고 있다. 교육 기회를 얻기 어려운 여성들을 위해 3년제 '무료' 간호학교를 설립하였는데, 이 학교는 국가 인정 간호사를 배출하는 학교가 아닌, 간호 자격증(certificate)을 수여하는 간호조무사(NA)를 양성하는 학교이다.

그 이유는 병원에 간호 인력이 필요한데 정식 간호사(RN)는 높은 월급을 지불해야 할 뿐 아니라, 시골까지 오려는 이들도 없었기 때문이다. 초기에는 간호학교를 무료로 운영하였으나, 이후 한 달에 학비와 기숙사비로 약 50,000원(3,000타카)을 받고 있다. 그는 선교지에서 학교나 병원이 계속하여 수준 높은 양질의 교육 · 의료 서비스를 제공할 수 있으려면, 유료화해야 한다고 생각한다.

이 선교사는 재정적 자립만 중요한 것이 아니라, 정서적, 영적 자립까지 도달할 수 있도록 관심을 기울여야 한다고 주장한다. 부모가 갓난 아이

혹은 어린아이들을 먹이고 재우고 돌보는 것은 필요하다. 그러나 아이가 어른으로 성장했는데도 영원토록 떠먹여 줄 수는 없다. 그때는 스스로 일어서야 하기 때문이다. 그러므로 현지인들이 지금은 얻어먹지만 언젠가는 자기 힘으로 벌어서 먹겠다는 정신적, 정서적 자립 의식이 필요하다. 그렇지 않으면, 주면 줄수록 더 얻어먹으려고 하는 태도와 생각에서 벗어날 수 없게 된다.

선교사는 현지인들이 '거지 근성'에 길들여진 것은 아닌지, 우리가 그러한 태도를 강화시키고 있지는 않은지 살펴보아야 한다고 이석로 선교사는 주장한다. 외국인으로서 선교사는 어디까지 도와주어야 하고, 언제는 안 도와주어야 하는지 결정해야 하는 어려운 문제에 항상 직면하게 된다. 그는 집마다 과일 묘목을 나눠주며 나무를 심게 하고, 비싼 돈을 주고 인력거를 대여해야 하는 이들을 위해 인력거를 구매하여 임대해 주었다. 새끼 염소를 분양해주고 잘 키운 후에는 그 염소의 새끼를 돌려받아 다른 가족에게 다시 분양해주는 사업도 벌였다.

종합하면, 이석로 선교사는 경제적으로 어려운 지역인 꼬람뚤라 사람들의 소득향상을 위해 고민했고, 소득 증대를 위한 다양한 개발 사업을 진행하고 있다.

2) 이석로 선교사의 자립선교 매뉴얼

1. 선교 초기부터 장기 플랜을 갖고 자립을 추진하였다.
2. 자립선교를 확신하였으며, 현지에 적합한 다양한 자립방안을 제시하였다.
3. 현지인들의 절박한 필요를 채워주되, 그들의 자존감을 해치지 않도록 했다.

4. 자립을 강요하지 않았고, 자립할 수 있는 기반을 마련해 주는 노력을 하였다.
5. 장학사업(49% 지원)에서 보듯이, 전액 지원은 현지인의 정신적 태도에 문제를 야기한다고 보았다.
6. 자립은 현지인들이 주도적으로 해결할 문제이며, 선교사는 부분적으로 돕는 조력자라는 인식을 갖도록 했다.
7. 무료 진료를 지양하되 시중보다 저렴한 진료비를 받음으로써 지속 가능한 자립 의료 체제를 갖추어 나갔다.[13)]
8. 자립 비율을 점진적으로 높여나감으로써 선교사 의존에서 벗어나 지속 가능한 자립 의료의 기반을 다져나갔다.
9. 병원 교직원들이 출석하는 교회에 헌금하도록 가르쳤으며, 이들의 헌금 생활로 현지교회가 자립 기반 위에 세워지도록 했다.
10. 매년 병원 수입의 1~2%를 다른 곳에 지원하도록 함으로써 도움의 '선순환' 운동이 이어지도록 했다.

5. 이석로 선교사 사역 평가

이석로 선교사는 세계 최빈국 방글라데시에서 현지인들의 자립 의식을 고취시키며 25년이 넘는 기간 동안 수고한 그의 봉사와 헌신을 인정받아 2019년 보령 의료봉사상과 현대 아산상 대상을 받았으며, 2021년에는 한국판 노벨상이라는 삼성 호암상(사회봉사 부문)[14)]을 수상하였다. 부인 선교사도 약사로서 선교사역에 적극적으로 참여하고 있다.[15)] 이석로 선교사는 지난 28년간 방글라데시에서 선교병원을 운영하며 빈민 지역 주민의 건강 증진에 힘썼을 뿐 아니라, 열악한 의료 환경을 개선하고 그들 스스로 일어설 힘을 갖추도록 돕기 위해 많은 노력을 하고 있다.

이처럼 이석로 선교사는 다카 변두리에 있는 빈민층 사람들에게 퍼주기식 지원(원조나 구제사업)을 넘어 경제적 자립의 토대를 마련하고자 애쓰고 있다. 즉 꼬람뚤라 병원 사역 이외에 여자 간호학교, 빈민가 유치원 건립 등 다양한 사회개발 사업과 인재 교육을 통한 봉사와 나눔을 실천하고 있다.[16] 다시 말해, 지역사회 인프라가 취약한 환경에서 살아가는 이들을 위해 '물고기를 잡아다 주기'보다 '물고기 잡는 법'을 알려주기를 노력한다.

그는 병원 안에 간호학교를 운영하며 현지인들을 훈련시켜 직원으로 채용하는 등 인재를 양성하고 주민 자립을 위한 지원활동을 계속하고 있다. 가난으로 인해 학업을 포기하는 젊은 청년들을 위한 장학사업으로 수백 명에게 장학금을 지원하기도 했다. 그 청년들 중엔 현지병원에 돌아와 일하는 청년도 있고, 치과의사가 되어 전남대병원에서 수련 중인 청년도 있다.[17]

이석로 원장은 의료봉사 이외에 경제적으로 매우 어려운 지역인 꼬람뚤라 사람들의 소득향상을 위해 고민했고, 자립을 위한 여러 가지 개발 사업(묘목 분양, 염소 새끼 분양, 릭샤 대여 사업 등)을 추진하고 있다. 종합하면, 꼬람뚤라는 선교병원이지만 지속 가능한 자립 의료 체제를 갖추기 위해 무료 진료는 지양한다. 외부 자금으로 돕는 100% 지원은 현지인의 의존심을 강화시킬 수 있음을 인식하며, 선교사는 부분적으로 돕는 조력자라는 인식을 갖도록 하였다.

1) Merrill Ewert, ed., *A New Agenda for Medical Missions*, 오상백 · 변창욱 공역, 『의료선교를 위한 새로운 전략: 의료선교의 과제와 전망』 (서울: 예본출판사, 1999), 41.

2) Elizabeth Underwood, *Challenged Identities: North American Missionaries in Korea, 1884-1934*, 변창욱 옮김, 『한국의 선교역사, 1884-1934』 (서울: 도서출판 케노시스, 2017), 275.

3) Andrew F. Walls, "The Heavy Artillery of the Missionary Army: The Domestic Importance of the Nineteenth Century Medical Missionary," in *The Church and Healing*, edited by W. J. Sheils (Oxford: Basil Blackwell, 1982), 287-297.

4) C. Peter Williams, "Healing and Evangelism: The Place of Medicine in the Later Victorian Protestant Missionary Thinking," in *The Church and Healing*, edited by W. J. Sheils (Oxford: Basil Blackwell, 1982), 275-284.

5) Merrill Ewert, 『의료선교를 위한 새로운 전략』, 39-40.

6) 변창욱, "의료선교의 선교신학적 조명: 에티오피아 MCM 선교병원을 중심으로," 『장신논총』 제2집(2009), 263-264.

7) J. 허버트 케인, 『세계선교역사』, 변창욱 편역 (서울: 기독교문서선교회, 2020), 338.

8) 아래 내용은 2021년 8월 13일 이석로 선교사와의 인터뷰 내용을 정리한 것이다.

9) 학교나 마을 주민을 위한 우물 파기 사업의 경우에도, 마을 사람들이 자체적으로 관리하도록 했다.

10) 방글라데시 다카에만 50만대의 릭샤가 운행 중이며, 운행 요금은 10타카(150원)에서 20타카(300원)이다.

11) "방글라데시 꼬람똘라 병원: 내 직장," https://blog.naver.com/0412joseph /222246660226

12) 2019년 보령상(5,000만 원), 아산상(3억 원), 2021년 호암상(3억 원) 등 수상 상금 전액을 병원에 기부하였다. 상금은 수술용 엘리베이터 설치, 폐수 처리장 건축, 병원 증축 등에 사용하였다.

13) 꼬람똘라 병원의 고가 의료장비는 지원받지만, 그 외는 완전 자립의 단계에 접어들었다.

14) "'韓슈바이처' 이석로 · '기생충' 봉준호 등 6명 호암상 수상," 『이데일리』 (2021.6.2) https://www.edaily.co.kr/news/read?newsId=01236566629077784

15) 이석로 선교사의 딸은 대학을 졸업한 후, 자신이 공부한 영국 선교사들이 설립한 MK 스쿨인 다카의 그레이스 인터내셔널 스쿨(Grace International School)에서 2년간 수학 교사로 사역하였고 지금 대학원 재학 중이다.

16) "올해 아산상 대상 '이석로 꼬람똘라병원장' 수상," 『의학신문』 (2019.10.15). http://www.bosa.co.kr/news/articleView.html?idxno=2114089

17) "제35회 보령 의료봉사상 대상, 이석로 원장 영예," 『약사공론』 (2019.3.20) https://www.kpanews.co.kr/article/show.asp?idx=202385

제10장

방글라데시 교회 자립

- 신학교 사역을 통한 자립교회 설립 -

故 장만영 선교사(타문화권 선교) 사례

"내 아들아
그러므로 너는 그리스도 예수 안에 있는 은혜 가운데서 강하고
또 네가 많은 증인 앞에서 내게 들은 바를 충성된 사람들에게 부탁하라
그들이 또 다른 사람들을 가르칠 수 있으리라"
(디모데후서 2:1-2)

1. 장만영 선교사 소개

1994년 대한예수교장로회 총회 통합(PCK) 선교사로 방글라데시 선교사로 파송되어 사역하다가 2013년 5월 28일 52세의 젊은 나이로 하나님의 부르심을 받은 장만영은 변창욱 교수와 공통점이 많았다. 장만영 선교사는 교육대학(광주교대 초등교육과)을 졸업하고 초등학교 교사로 근무하다가 장신대 신대원 83기로 입학했으며, 변창욱 교수도 사범대학(중앙대 영어교육과)을 졸업하고 고등학교 교사로 근무하다가 장신대 신대원 83기로 들어왔다. 두 사람은 선교단체 출신인데, 장만영은 한국대학생선교회(CCC)에서, 변창욱은 한국 네비게이토 선교회(The Navigators)에서 각각 훈련을 받았다. 대학 졸업 후에는 교사로 근무하는 동시에 '총각 집사'로서 장만영 선교사는 시골교회에서, 변창욱 교수는 서울의 개척교회에서 열심히 봉사하였다.

1980년 8월 11일(월)~15일(금) 한국대학생선교회(CCC)가 주최한 여의도 '세계복음화대성회' 국제대학생 합숙수련회에도 두 사람은 서울과 광주에서 각각 참석하였다. 특히 집회 마지막 날 저녁, 김준곤 목사가 "일생에 1년 이상 해외 선교사로 나가 복음을 전할 사람은 일어서라"라고 도전했을 때 두 사람 모두 선교사로 나가겠다고 서원을 했다. 이후 하나님 앞에 드린 서원을 지키기 위해 장만영은 방글라데시에서, 변창욱은 필리핀에 가서 선교사로 사역하였다.

1994년 5월, 장만영은 장신대에서 개최된 제15기 교단 선교사 훈련을 이석로 의료 전문인 선교사와 같이 받았으며, 같은 해 6월 방글라데시 선교사로 파송 받았다. 2007년 8월부터 2010년 1월까지 꼬람똘라 병원(원장 이석로) 원목으로 주일 예배 설교를 전했으며, 이석로 선교사와 함께 장학 사업을 추진하였다.

*** 장만영 선교사 프로필**

- 1978 고등학교 졸업 학력 검정고시 합격
- 1981.02 광주교육대학(2년제)
- 1982~1986 초등학교 교사
- 1982~1986 한국방송통신대학(법학과)

- 1988.01~1988.12　영화교회 교육전도사
- 1990~1991　민족(예향)교회 교육전도사
- 1987~1991　장로회신학대학교 신학대학원(M.Div./선교학 부전공)
- 1992~1993　광장교회 전도사(목사 안수)
- 1991~1993　아세아연합신학대학교(아신대) 조교
아신대 대학원(Th.M./선교신학)
- 1994.06.05　선교사 파송 예배
- 1994.07.07~2013　총회 파송 방글라데시 선교사[1)]
- 1996.05.06　목회자 훈련원 설립
- 1998　제1기 목회자 훈련원 졸업생 배출
- 2002.09~2007.02　미국 풀러신학교 대학원 박사(Ph.D./선교신학)
- 2007.08.14　방글라데시 재입국
- 2008.08~2010.01　꼬람똘라 병원 원목
- 2008.04.26　글로리아 신학교
- 2013.05.28　질병으로 귀국한 후 폐암으로 소천(52세)
- 2021.01.19　장신대 총동문회 제73회 총회 동문대회
제30회 장한 동문상(선교 부문) 수상

2. 장만영 선교사와 변창욱 교수의 선교비전 공유

1987년 3월 장신대 신대원 83기로 같이 입학하여, 엘림(Elim) 기숙사 5층 504호에서 1988년 2월 장만영 전도사가 결혼하여 나갈 때까지 1년 동안 두 사람은 같은 방에서 생활했다.[2)] 이후 그가 1년간 휴학을 하면서,[3)] 잠시 떨어져 있기도 했지만, 복학 후에는 장신대 선교동아리 '선교사 파송 연구회'(이하 선파, 1974년 창립)에서 같이 활동하며 해외선교의 비전을 함께 꿈꾸고 나누던 친구였다. 신대원 재학(장만영: 신대원 2년, 변창욱: 신대원 3년) 중이던 1989년 8월 7일(월)~19일(토) 조동진 목사(원장)가 개최한 제17회 하기선교대학원(Summer Institute of World Mission, 경기도 바울의 집)에서 두 사람은 2주 동안 합숙 훈련을 받았다.

국내의 조동진, 조동소 목사와 해외 강사들의 강의 그리고 젊은 선교사들과의 면담[4)]과 공동체 합숙 훈련을 통해 해외선교와 아시아인 주도의 선교, 선교와 개발에 대해 새로운 안목을 갖게 되었다. 1989년 복학한 해에 장만영은 선파 회장(1989년 2학기~1990년 1학기)으로 섬겼으며, 변창욱은 그 전에 선파 총무(1987년 2학기~1989년 1학기)로서 2년 동안 봉사하였다.[5)]

1990~1991년 변창욱이 집사로 섬기던 봉천동 민족교회(이후 예향교회 개명)에서 장만영은 교육전도사로 사역했고, 1999년 변창욱이 미국 프린스턴신학대학원에서 박사과정 논문을 쓰고 있을 때에 장만영 선교사 부부는 프린스턴 신학교 가족 기숙사(CRW)를 방문하여 여러 날 같이 지내면서 미국 유학, 선교학 박사과정과 학교에 관한 궁금한 점을 물어보기도 했다.

2012년 장만영 선교사가 변창욱 교수에게 "어떻게 지내슈?"라는 제목으로 보낸 e-메일에는 짧지만 친밀한 관계를 엿볼 수 있는 내용이 나온다.

보낸 사람: Manyoung Chang 〈mychang927@gmail.com〉

받는 사람: 변목사님 창욱(장신 83동기) 〈changukbyun@yahoo.com〉

보낸 시간: 2012년 7월 15일(일) 오후 7:10

제목: 어떻게 지내슈?

장신대 엘림 기숙사 504호 시절이 그립습니다.

변창욱 집사님, 그때는 변 집사님이라고 불렀지요. 민족교회 출신이었죠. 방글라데시 다카의 장만영입니다.

1년에 한 번은 고마운 분들께 감사편지를 드리려 마음먹었는데, 지금 제가 일하는 세 학교가 모두 방학이어서 모처럼 여유가 생겼습니다. 7월 말부터 새 학기가 다시 시작합니다. 박사 과정을 마치고 방글라데시에 온 지 6년째가 되어, 7년째가 되는 내년 6월에 안식년을 계획 중입니다.

지금까지 여러 모습으로 섬겨주신 것 감사드리며, 목사님과 사모님, 자녀분들, 섬기는 학교와 교회 위에 주님의 은혜와 평강 가득 임하시길 기도드려요.

방글라데시 다카에서, 섬김의 빚진 자들
장 만영, 전 육엽 올림

2013년 장만영 선교사가 폐암으로 하나님 부르심을 받았기 때문에,[6] 자립선교에 대한 그의 생각을 보다 자세히 들을 수 없어 아쉽지만, 방파선교회에 보낸 선교보고서, 장만영 선교사의 일기와 자서전, 『월간목회』에 기고한 글, 그리고 변창욱 교수에게 보낸 e-메일을 중심으로 자립에 대한 그의 생각을 정리해 본다.

3. 장만영 선교사의 자립선교 방안

1) 헌신된 현지 목회자를 양육하기 위해 힘을 다해 수고하였다.
2) 자립선교에 대한 분명한 생각으로 처음부터 사역에 임했다.
3) 현지교회 자립을 위해 십일조 교인들이 많아야 한다고 생각했다.
4) 교인들이 가난해도 예배당 건축을 위해 헌금할 수 있다고 보았다.
5) 현지교회의 의존적 태도에 실망하지 않고, 자립의 중요성을 지속적으로 가르쳤다.
6) 교인들에게 십일조와 헌금의 원리를 가르치며, 자립교회의 기반 구축을 위해 노력했다.
7) 가르쳤던 목회자 훈련원 출신 중에 자립교회 설립에 성공한 사례가 생겨나기 시작했다.

4. 신학교(목회자 양성) 사역을 통한 자립교회 설립 비전

첫째, 사명감에 넘치는 헌신된 현지 목회자 배출을 위해 노력하였다. 장만영 선교사는 방글라데시 교회의 문제는 유능한 신학교 졸업생들이 목회를 하지 않고 더 많은 보수를 받는 외국 선교 기관들이 지원하는 비정부 기구(NGO)에서 일하고 있다는 점과 외국 교회나 선교단체의 재정 지원에 의존하는 점이라고 지적한다. 그리하여 현지교회는 자립하지 못하고, 예배당 건물의 부채 때문에 어려움을 겪고 있는 교회들이 많으며, 해외 교회나 선교단체의 후원금에 크게 의존하고 있었다.

둘째, 외부 도움에 의지하는 현지교회를 자립의 기반 위에 세우려고 노력하였다. 1996년 11월 24일, 방글라데시에 도착한 지 2년 5개월이 지난 즈음에 장만영은 현지교회의 자립에 대한 자신의 생각을 다음과 같이 밝히고 있다.

> 외국에서 자금이 들어오지 않으면 꼼짝할 수 없는 방글라데시 교회의 현실, 너무나 납납하고 한심스럽다. 어쩌다 이 지경이 되었을까?… 자립하고 성장할 수 있을 텐데, 어디에 문제가 있는 걸까? 민족 자립교회(Bangladesh National Self-support Church), 이 길만이 살길이다. 이제라도 복음 사역과 사회사업을 구분하고 전적으로 복음전도에 뛰어드는 민족 자립교회가 세워져야 한다.
>
> 외국의 자금이 필요할 수 있다. 그러나 방글라데시 교회 현실은 외국 자금

이 아니면 아무 일도 할 수 없다는 데에 있다…. 일반인들도 기독교인들은 외국의 자금으로 사는 사람들로 인식하고 있으니, 참으로 큰 문제가 아닐 수 없다.

새바람을 일으켜야만 하겠다…. 민족 자립교회! 순수 방글라데시 자금으로 순수 목회만을 감당하는 목회자 양성이 최선이다. 급선무이다. 민족 자립교회가 세워지지 않는 한, 방글라데시 교회는 소망이 없다. 언제까지 외국에 손을 벌려야만 한단 말인가. 가난한 대로 어려운 대로 고후 8~9장에 있는 것처럼, 자립하고 성숙할 수 있는 길을 찾아야만 한다. 하나님이 지혜와 은혜, 믿음, 능력을 주소서…. 민족 자립교회가 세워지게 하소서.[7)]

셋째, 십일조 헌금은 자립 기반 조성과 자립 역량 강화에 필수적임을 깨달았다. 장만영 선교사는 1997년 10월, 방글라데시 첫 사역지인 목회자 훈련원에서 강의하면서 "자립교회로 성장, 십일조 생활, 새벽기도운동, 충성된 목회자, 말씀과 성령 운동"을 강조했다.[8)] 장만영의 일기를 보면, 1998년에 목회자 훈련원을 1기로 졸업한 목회자 중에 자립교회를 세운 목사님이 생겼음을 기뻐하는 내용이 나온다.

4년 전에 [배출한] 1기 졸업생 중 순수 자립교회를 이룬 목사님이 생겼다. 너무 감사하고 감사했다. 성도님들은 약 70명 정도인데 열심히 기도하고 드리는 삶("특별히 십일조 헌금")을 가르쳐 성도님들이 거의 십일조를 하니, 자연스럽게 자립교회가 되었다. 종종 학교로 초청해서 특강을 시키고 있다.[9)]

넷째, 아무리 가난해도 현지 교인들에게 십일조와 헌금 생활을 가르쳤다. 장만영은 2002년 9월부터 2007년 2월까지 미국 풀러신학교에서 공부하고 박사학위(Ph.D.)를 받은 후, 그해 8월 방글라데시에 다시 입국한다. 2007년 2월 장만영이 『월간목회』 2월호에 기고한 "방글라데시 선교상황"에는 다음과 같은 내용이 나온다.

> 방글라데시 6천 교회 중 자립교회가 3%에 불과하고 97%는 미자립교회입니다. 목회자의 사례비와 예배 장소를 자기 힘으로 해결하지 못하므로 결국 선교사와 외국 교회를 의지하고 있습니다. 목회자의 80%가 십일조를 드리지 않으며, 성도님들은 95%가 넘습니다. 서양 선교사님들이, 방글라데시 성도님들이 너무 가난하니까 십일조와 헌금 생활에 대한 것을 가르치지 않았다고, 현지 목사님 한두 분이 말하는 것을 들은 적이 있습니다.[10)]

다섯째, 선교 초기부터 현지교회 자립의 중요성을 확신하고 있었다. 선교 초기부터 그리고 선교학 공부를 마친 후에도 그는 선교지 교회가 자립하는 교회로 자라나야 한다고 확신하고 있었다. 2008년 방파선교회에 보낸 보고서 중에는 자신이 가르쳤던 목회자 훈련원 제1기 졸업생 중에 자립교회를 세운 목사가 생겨났음을 보고하고 있는 편지가 있다. 주목할 점은 장만영이 권면하고 가르친 대로, 이 교회에 십일조를 드리는 교인들이 많아지고 있다는 내용이다.[11)]

✉ 2008년 5월 21일 장만영 선교사의 E-메일 선교편지

보낸 사람: Manyoung Chang <mychang927@gmail.com>

받는 사람: bangpa153@hanmail.com

날　　짜: 2008년 5월 21일 수요일 오후 02:25 GMT+9

방글라데시 장만영, 전육엽입니다.

한 가지 기쁜 소식을 함께 나누고자 합니다.
1998년에 저희 목회자 훈련원(1996년 5월 6일 창립)을 제1기로 졸업한 졸업생 '벤자민 베나르지' 목사님의 소식입니다. 현지 침례교단(BBF) 소속의 여자 목사님(밀리따 다쉬) 안수식에 참석했다가 베나르지 목사님을 만나게 되었습니다.

이런저런 얘기를 주고받다가 교회 상황도 얘기하게 되었는데, 완전 자립교회가 되었고 자기 교회 성도들의 힘으로 2층짜리 예배당까지 건축을 마치게 되었다는 소식입니다. 2001년부터 모이몬싱 지역(한국의 대전 정도)에 부임해 일하던 중에 재적 성도 110명, 출석 성도가 80명 정도라고 합니다. 그러면서 목회자 훈련원에서 배운 내용을 적용해 자립교회를 이루게 되었다며 감사해했습니다.

방글라데시에서 완전 자립교회(목회자 사례비와 예배당 운영비용을 자체적으로 해결하는 교회)를 찾기는 거의 어렵습니다. 200여 년 선교역사에서 서양 선교부에서 땅을 사주고, 예배당 건물을 지어 주는 경우에만 평균

100 교회에 세 교회 정도로 자립교회가 된 것입니다. 그러므로 100 교회에 세 교회도 순수한 의미에서는 자립교회라 할 수 없습니다.

이런 상황에서 베나르지 목사님이 그야말로 순수한 방글라데시 성도님들의 힘으로 목회자 사례비를 받고 예배당을 마련하였다는 것은 너무도 기쁜 일이고 찾아보기 힘든 일입니다. 그 교회의 전도사님이 지금 저희 목회자 훈련원에 재학 중이어서 더욱더 자세히 알게 되었습니다. 언제쯤 한 번 그 교회를 방문하려고 계획 중이고요. 베나르지 목사님을 저희 글로리아 신학교에 초대해 간증을 듣는 시간을 가지려고도 계획 중에 있습니다.

위와 같은 기쁜 소식이 계속해서 들려지기를 소망하며 그동안 기도해 주시고 섬겨주신 모든 분들께 다시 한번 감사드립니다.

방글라데시 다카에서
복음의 빚진 자들
장만영, 전육엽 올림

여섯째, 현지교회 지도자들에게 자립선교의 중요성을 지속적으로 가르쳤다. 2008년 12월 18일 방파선교회에 보낸 e-메일 선교 보고에서도, 꼬람똘라 병원의 67명 직원 중에 40여 명이 병원의 주일 예배에 참석하고 있으며, 무슬림 직원 중에 마음으로는 예수님을 믿지만, 세례를 받지 못하고 있는 이들도 여러 명 있으며, 2008년 12월 20일 최대 신학교인 방글라데시 신학대학(CCTB)에서 무슬림을 대상으로 사역하는 현지 장로교 목회자 60여 명에게 "자립교회와 십일조: 성령, 능력, 증인"을 주제로 세미나를 인도할 예정임을 보고하고 있다.[12)]

장만영은 방글라데시 교회의 가장 심각한 문제는 자립하는 교회가 거의 없다는 것이라고 보았다. 대부분의 교회는 외국 선교부 후원에 전적으로 의존하며, 목회자나 교인들 가운데 십일조나 감사헌금을 드리는 이들이 거의 없었다. 특히 목회자의 80%가 십일조를 하지 않기 때문에 교인들도 십일조를 거의 하지 않으며, 결국 교회의 자립은 요원하다고 평가하였다. 이에 따라 장만영은 선교세미나 혹은 선교대회에서 말씀을 전할 때마다 현지 목회자와 교인들에게 성서적 근거와 한국교회 사례를 언급하면서 방글라데시 교회가 자립교회가 될 수 있음을 설득하곤 했다. 선교지 교회의 자립은 교인들에게 책임감과 영적 성숙과 하나님을 신뢰하는 법을 가르쳐준다고 확신하였다.[13)]

일곱째, 예수(Isa, '이싸') 등 꾸란에 나오는 성경의 인물들을 접촉점으로 복음을 전했다. 박사학위 취득 후에 방글라데시에 재정착한 장만영은 미국 풀러신학교(Fuller Theological Seminary) 선교학 공부를 통해 배운 것을 방글라데시 현장에 활용하고 적용하기를 원했다. 복음에 대해 거부감이 심한 무슬림에게 직접적으로 복음을 전하기보다는 그들이 이미 알고 있는 익숙한 성경 인물인 예수님(Isa, '이싸')과 구약의 인물들을 접촉점으로 삼아 장기적으로 만남을 이어가며 선교하는 상황화 전략이 현명한 방안이라고 생각했다.[14)]

여덟째, 한국식 목회방식을 선교지에 그대로 이식하지 않고, 현지교

회를 존중하였다. 장만영은 한국교회의 목회적 특성을 선교 현지에 그대로 적용하지 않고, 현지교회를 존중하고 부흥시키기 위해 노력하였다. 그러나 현지인 목회자 양성이 가장 중요한 사역임을 확신하였기 때문에 헌신된 목회자 배출을 위해 한국교회의 오랜 신앙 전통인 새벽기도와 십일조 생활을 방글라데시 교인들이 실천하도록 가르쳤다. 주목할 점은 십일조 헌금을 강조하는데, 이는 십일조 교인들이 많아져야 자립교회가 가능하다고 보았기 때문이다. 또한 현지교회의 자립과 부흥을 위해서는 사명감을 갖고 헌신하는 목회자 양성이 필수적이라고 생각했다.[15)]

아홉째, 한국 선교사들의 현지인에 대한 인종 차별적, 우월적 태도를 비판하였다. 장만영 선교사는 방글라데시 교회와 현지 교인에 대한 한국교회와 선교사들의 지원행태에 비판적인 입장을 취하기도 했다. 장만영은 미국 북장로교 중국 산동 선교사 네비우스(John Nevius)가 지적한 바 있는 옛 방식(Old Ways), 즉 이른바 '돈 선교'(money mission)의 폐해를 다음과 같이 지적하고 있다.

> 한국 선교사는 현지인 교회를 무시하고, 돈을 자랑하고, 한국교회가 모든 면에서 현지교회보다 우수하다는 태도를 지녔다. 그들은 [현지] 전도인을 고용하여 예배당 건물을 지원하여 건축하는 예전의 낡은 선교방식을 고수하고 있다…. 선교사에 종속되는 교회를 세우는 것이 아니라 현지인들이 스스로 자립교회를 세울 수 있도록 돕는 것이 바람직한 선교 방향이며, 그렇게 하기 위해 먼저 현지인 일꾼을 양성하는 것이 급선무라고 보았다.[16)]

열째, 현지 복음화를 위해서는 선교사보다 현지 사역자가 더 중요함을 인식하고 있었다. 충성되고 헌신된 전도자가 있고, 7~10년 안에 세례교인 가정 열 다섯 가정만 모이면 자립교회를 세울 수 있다고 보았다. 방글라데시 교회 목회자와 교인 대부분이 여전히 미자립 상태에 있음을 보면서, 장만영 선교사는 현지교회가 자립하는 교회로 성장할 뿐 아니라, 세계 각국에 선교사를 파송하는 교회가 되기를 갈망했다.[17] 장만영 선교사가 너무 빨리 하나님 나라로 가는 바람에 더 깊은 대화와 자료 수집을 하지는 못했지만, 그의 선교 열정과 십일조를 통한 자립교회 설립에 대한 비전은 선교 초기부터 동일했다. "현지인 목회자 한 명이 열 명의 선교사보다 낫다"라는 생각을 갖고 있던 그는 선교의 성패는 신실한 현지인 사역자 배출 여부에 달려있다고 보았다.[18]

5. 장만영 선교사 사역 평가

장만영 선교사는 방글라데시 교회가 외국 선교자금에 지나치게 의존적인 상황을 인식하고 개탄하였다. 이러한 상황을 개선하기 위해 그는 목회자 훈련원과 신학교 사역을 통해 자립 의식 강화를 위해 부단히 노력하였다. 외국 자금 지원이 필요할 수 있지만, 외국 자금이 아니면 아무것도 할 수 없는 현실을 질타하고 있다.

2008년 5월 21일 방파선교회에 보낸 e-메일 선교보고에서, 1998년 목회자 훈련원 제1기 졸업생 가운데 장만영 선교사에게 배운 현지 목회자가 자립교회 설립에 성공한 사례를 언급하며 무척 고무되어 있음을 알 수 있다. 그 현지 목사는 교회 부임한 지 7년 만에 현지 교인들 스스로의 힘으로 2층 예배당을 건축하고 봉헌한 것이다. 이 교회는 재적 110명에 출석 교인 80여 명으로서, 방글라데시 수도 다카(Dhaka) 북쪽 112km에 있으며, 자동차로 3시간 20분 거리인 모이몬싱(Mymensingh) 지역에 있다. 지역 주민 대부분은 농사일로 생계를 꾸려가고 있는 극빈층 주거지역임에도 불구하고 목회자 한 사람의 자립 의지에 따라 이처럼 자립교회가 가능하다는 사례를 보여주고 있다.

장만영 선교사가 생각하는 자립교회의 기준은 현지교회가 목회자 사례비를 스스로 책임질 뿐만 아니라, 외국 자금 도움을 받지 않고 교인들이 헌금하여 예배당을 건축할 수 있느냐에 달려있음을 다음의 글에서 확인할 수 있다.

> 순수한 방글라데시 성도님들의 힘으로, 목회자 사례비를 받고 예배당을 마련하였다는 것은 너무나 기쁜 일이고 찾아보기 힘든 일입니다.[19]

> 방글라데시 4천 교회 중 자립교회가 3%에 불과하고, 97%는 미자립교회입니다. 목회자의 사례비와 예배 장소를 자기 힘으로 해결 못하므로 결국 선교사와 외국 교회를 의지하고 있습니다.[20]

장만영 선교사는 현지인들이 아무리 가난해도 헌금과 헌금의 기본인 십일조를 가르쳐야 한다고 생각했다. 방글라데시 목회자 가운데 80% 그리고 교인들 중 95% 넘는 이들이 십일조를 드리지 않는데 그 이유가 현지인들이 너무 가난하니까 서양 선교사들이 십일조를 안 가르쳤다는 것이다. 장만영 선교사는 현지 목사가 자기들에게 성경 말씀을 제대로 안 가르쳐줘서 십일조를 못 했고 그 결과 복을 받지 못하게 되었다며 서양 선교사를 원망하는 말을 들은 적이 있다고 소개한다.[21)]

종합하면, 장만영 선교사는 열정적으로 일할 52세의 다소 이른 나이에 하나님의 부르심을 받았기에 방글라데시 '자립교회' 설립에 대한 자신의 꿈을 온전히 펼치지 못했다. 그러나 목회자 훈련원을 설립하고 수년 동안 가르치며 현지 목회자들의 마음속에 심어놓은 자립을 위한 소중한 씨앗이 발아하여 뿌리내리고, 확실한 성과로 꽃 피우고 열매 맺고 있다.

"그가 죽었으나 그 믿음으로써 지금도 말하느니라"(히 11:4)

1) 미국에서의 학업 때문에 2003년 12월 31일 총회 선교사직을 사임했으며, 2007년 12월 7일 방글라데시 선교사로 재파송되었다.
2) 신대원 83기 동기이자 엘림 기숙사 504호 룸메이트 신기도(현 네팔 선교사), 변창욱(전 필리핀 선교사, 장신대), 홍순범(산정현교회), 장만영(방글라데시 선교사)은 형제처럼 친하게 지냈으며 세계복음화에 관심이 많았고 1974년 설립된 장신대에서 가장 오래된 선교동아리 '선교사파송연구회'(하용조, 김지철, 한인수 등 설립)에 들어가 함께 활동하였다.
3) 1988년 2월 27일 장만영 선교사는 전육엽과 결혼하였고, 1990년 9월 변창욱의 결혼식에 참석했을 뿐 아니라 광주 CCC 시절 친구(사진관 운영)를 섭외하여 결혼식 사진 촬영을 주선해 주었다.
4) 이은무(싱가포르), 안성원(인도네시아), 조용중(필리핀), 김병선(인도네시아), 백운영(1990년 필리핀 선교사 파송) 등이었다.
5) 조요셉, "장로회신학대학교 최초의 선교동아리 선교사파송연구회 역사(1974-2021): 설립 과정과 주요 인물을 중심으로" (장로회신학대학교 신학대학원 석사학위 논문, 2022), 91.
6) 2013년 5월 30일(목) 광주기독병원 장례식장(영안실)에서 있은 장만영 선교사 입관예배 직전에 신기도, 변창욱, 홍순범 등 엘림 기숙사 룸메이트들이 모여 그의 마지막을 배웅하였다.
7) 장만영, 『선교일기』 (1996년 11월 24일). 장만영, 최영재 공저, 『장만영 선교사의 생애와 사역: 하나님의 손에 이끌리어』 (경남 거창군: 열방선교센터, 2019), 145-146에서 재인용.
8) 장만영, 최영재 공저, 『장만영 선교사의 생애와 사역』, 157.
9) 장만영, 『부르심에 이끌리어: 故 장만영 선교사의 삶과 사역』 (서울: 따스한 이야기, 2016), 147.
10) 장만영, "방글라데시의 복음화를 위하여: 영혼을 낚는 어부들," 『월간목회』 통권 366호 (2007년 2월호): 132-135.
11) 장만영, 최영재 공저, 『장만영 선교사의 생애와 사역』, 157.
12) 장만영, 『선교보고』, 2008년 12월 18일 e-메일 보고서.
13) 장만영, 최영재 공저, 『장만영 선교사의 생애와 사역』, 188-189.
14) 위의 책, 178.
15) 위의 책, 183.
16) 위의 책, 183.
17) 위의 책, 243.
18) 위의 책, 183.
19) 2008년 5월 21일 장만영 선교사가 방파선교회에 보낸 e-메일 선교편지.
20) 장만영, "방글라데시의 복음화를 위하여," 132-135.
21) 위의 글.

제11장

선교지 교회 개척과 자립

- 중국교회와 한국교회 사례를 중심으로 -

변창욱(장신대 선교역사)

1. 들어가는 말

돈만 가지고 선교할 수 없다. 하지만, 돈 없이도 선교할 수 없다. 이처럼 돈은 선교의 많은 부분에 영향을 미치게 된다. 부요한 나라에서 가난한 나라로 파송되는 선교사들은 영적인 영향력보다 물질의 힘에 의지한 선교를 하려는 유혹에 빠지기 쉽다. 네비우스(John Nevius)의 자립 선교 방법을 바탕으로 건강한 교회설립과 성장을 이룩하여 세계선교역사에 감동을 주었던 한국교회가 여러 선교지에서 비자립적 선교 행태로 적지 않은 문제를 일으키는 것은 역사적 아이러니가 아닐 수 없다. 과거 서구선교사들처럼 이제 한국 선교사들의 물질적 풍요함이 가난한 선교지에서 여러 가지 문제를 야기할 수 있다.

본 글에서는 중국교회와 한국교회 초기 선교역사에서 예배당 건축과 미션 스쿨, 선교 병원 등 사역에서 논의되었던 자립 선교 문제를 다룬다. 역사적 사례를 통해 선교현장에서 돈 문제가 야기하는 사안의 심각성을 인식하고, 이를 통해 한국교회 선교의 비자립적, 선교사 의존적 선교 행태를 되돌아보고 건강한 자립교회 설립을 위한 실제적인 방안을 제안해 본다.

2. 중국교회와 자립 문제[1)]

A. 제1회 중국 개신교 선교사대회(1877, 상해)

1877년 5월 상해에서 개최된 중국 개신교 선교사대회에서 자립하는 건강한 교회는 하루아침에 이루어지지 않고 시간이 소요된다고 하였다.[2)] 미국 북감리회 선교부의 볼드윈(S. L. Baldwin) 선교사는 "현지교회의 자립"이라는 논문에서 다음과 같은 주장을 펼쳤다.

> 외국 돈(foreign silver)에 의존하고 있는 현지교회는 돈의 유입이 끊어지면 급속도로 붕괴되어 결국에는 제 기능을 다 하지 못하게 될 것이다…. 지나치게 많은 돈을 끌어다가 현지교회를 돕게 되면…. 병약한 교회들이 많이 생겨나게 된다.[3)]

선교사로부터 손쉽게 먹을 것을 얻고자 하며, 선교사에게 잘 보이는 법을 배우는 교인들도 생겨났다. 현지 교인들에게 예배당 건축용 목재 구입을 부탁하면, 선교사의 일을 대신해 주었으니 선교사에게 돈을 요구하기도 했다.[4)] 이런 교인들은 선교사의 도움을 고마움으로 여기기보다는 당연한 '권리'로 받아들이게 되며, 결국 현지 선교부는 구호 기관으로, 선교사는 구호사업가로 바뀌게 된다. 시간이 지나면서 이런 시스템이 고착화

되면 선교사역은 실망과 좌절로 끝나게 된다. 이러한 실수는 선교사들이 "처음부터" 자립에 대해 가르치지 않았고, 현지 교인들에게 헌금하는 것보다 받는 것을 먼저 가르쳤기 때문에 생겨난다. 선교사는 현지 교인이 생겨나는 순간부터 능력에 따라 헌금하는 법을 가르쳐야 한다고 볼드윈 선교사는 주장한다.

볼드윈은 선교지 신생교회의 자립 의지를 약화하지 않으면서 현지교회의 자립을 도울 수 있는 몇 가지 자립방안을 소개한다. 도움이 절박한 교회의 경우에 선교사가 현지 목회자의 봉급은 지원하되, 후원 기간을 5년으로 제한하며, 매년 후원 액수를 20% 이상 줄여나감으로써 5년 차 끝에는 후원을 완전히 중단하는 방안이다.[5] 다음의 〈표-1〉은 이를 도표화한 것이다.

〈표-1〉 현지교회 목회자 사례비 지원과 자립방안(5개년 계획)

	1년 차	2년 차	3년 차	4년 차	5년 차	6년 차
선교부	50%	40%	32%	25.6%	20.48%	0%
현지교회	50%	60%	68%	74.4%	79.52%	100%

1868년 중국 푸젠(福建)성 동부 연안에 있는 푸저우(福州) 지역의 현지교회가 성장하는 모습을 보면서, 현지 교인들도 재정 자립에 참여할 때가 되었다고 판단한 미국 북감리회 선교사들은 1868년 9월 1일 다음과 같은 자립 선교 정책을 채택하였다.

> 1. 미션스쿨의 경우, 전액 무료로 운영하지 말고, 학부모들도 일정 부분 학비를 감당하도록 하고 나머지 부분만 선교부 자금으로 충당하라. 2. 선

교사는 자립에 대해 설교해야 할 책임이 있으며, 현지 교인들에게 교회 유지를 위해 힘을 다해 헌금할 것을 가르쳐야 한다.[6)]

종합하면, 볼드윈은 4가지의 실천 가능한 자립 선교 방안을 제시한다. 첫째, 교인들이 자신들의 능력에 따라 헌금하도록 선교사는 가르쳐야 한다. 둘째, 선교사의 도움은 한시적으로만 제공될 것이라는 점을 분명히 해야 하며, 가능한 한 빠른 시기에 현지 교인들이 모든 재정을 감당해야 한다. 셋째, 현지교회가 재정을 책임지는 자립 단계로 나아가기 위해서는 현지 교인들이 감당할 수 있는 사례비보다 더 많은 액수를 지불하면 안 된다. 넷째, 건축비가 많이 드는 외국 스타일의 교회 건축은 피해야 하며, 중국의 이미지를 나타내는 교회 건물로 지어야 한다.[7)]

B. 제2회 중국 개신교 선교사대회(1890, 상해)[8)]

1890년 개최된 제2회 중국 개신교 선교사대회에서는 자립 선교 방안에 대한 보다 체계적인 논의가 있었다. 1880년 중국에 도착한 미국 침례교연합선교회의 메이슨(G. L. Mason)은 돈 선교가 초래하는 7가지 해악을 열거하는 데 그중 두 가지를 소개한다.

1. **돈 선교(money mission)는 선교사에게 상처를 주기 쉽다.** 현지인들은 자신들의 생계를 책임지는 선교사만을 기쁘게 하려고 할 것이며, 선교사는 끊임없는 기도, 다정한 조언, 거룩한 삶의 모범을 통해 현지인들을 인도하려고 하지 않을 것이다. 그 결과 선교사는 영적 안내자가 아니라, 한낱 회사의 감독(overseer)이나 월급을 주는 사람으로 전락해버릴 위험이 있다.

2. 돈 선교는 현지인 목회자에게 해악을 끼칠 수 있다. 자신의 양 떼를 잘 돌보지 않거나, 책임감을 그다지 느끼지 않을 뿐만 아니라, **자기 교인들을 업신여기며 자신을 고용한 선교사에게는 비굴하게 굽실거리게 된다.**[9)]

메이슨은 선교사는 재정 지원을 갑자기 중단하기보다는, 일정한 기간을 두고서 조금씩 줄여나가는 방안(gradual reduction)을 제시한다. 예컨대, 영국의 몇몇 선교회는 중국에서 점진적 감축을 통한 자립방안을 자주 사용했다.

중국 푸젠(福建)성 남부의 항구도시 아모이(厦門, 지금의 샤먼)에서 사역하는 영국 런던선교회(LMS)와 다른 선교회는 ① **10년간 선교비를 지원**하되 매년 1/10씩 지원비를 감축해나가는 방안과 ② **5년간 지원**하되 매년 1/5씩 감축해나가는 두 가지 방안을 사용해왔다. 또한 중국에서 사역하는 영국 성공회선교부(CMS)도 매년 지원금의 1/20을 감축해가면서 **[20년간] 지원**하는 방안을 시도하고 있다.[10)]

마지막으로 메이슨(Mason)은 선교지 교회와 학교의 자립 방안을 다음과 같이 소개한다.

첫째, 선교사는 현지 교인들에게 헌금 훈련을 시켜야 한다. 하나님은 주는 자가 복되다고 말씀하신다. 선교사가 드리는 훈련을 시키지 않고, 월급 주는 사람(paymaster)처럼 행동해서는 안 된다.

둘째, 교인들이 수입의 십일조를 드리도록 가르쳐야 한다. 선교사도 선교비의 1/10 이상을 헌금하면서 현지 교인들에게 모범을 보여야 한다.[11)]

셋째, 아무리 가난해도 헌금하는 법을 가르쳐야 한다. 돈이나 물질만 드리는 것이 아니라, 교인들이 농수산물을 바치거나 노동 봉사를 할 수도 있다. 농경이 주업인 인도 교인들은 쌀 한 컵씩을 교회에 바쳤다. 이들 교인이 바치던 품목 중에 쌀이 주요 헌물이 되었다.[12)] 태평양 제도와 중국 푸젠(福建)성 지역의 교인들은 예배당 건축 자재를 기부하기도 했다. 중국 광동성 산터우(Swatow, 汕头) 지역의 영국 장로교 선교부는 통항(Thong-hang)에 예배당을 건축했는데 교인들은 건축헌금과 함께 300일의 노동 시간을 바쳤다.[13)] 이들은 헌금이나 예배당 건축재료를 바쳤으며, 경제적으로 돕지 못하면 시간을 들여 몸으로 봉사하였다.

C. 중국 개신교 선교 100주년 기념 선교사대회(1907, 상해)

영국 런던선교회의 모리슨(Robert Morrison, 1782~1834)이 최초의 개신교 선교사로 중국에 온 100년을 기념하는 선교대회가 1907년 4월 25일부터 5월 8일까지 상해에서 개최되었다.[14)] 상해 선교사대회에 참석한 선교사들은 서구 선교부의 재정적 도움을 받는 한 중국교회는 약할 수밖에 없고 의존성을 극복하기 어렵다는 사실을 인식하였다. 1907년 상해 선교사대회는 중국교회를 건강한 자립교회로 세워가기 위해 많은 논의를 하였다.

상해 선교사대회의 공동(2인) 대회장 중 한 명인 깁슨(J. C. Gibson)은 영국 장로교 선교부 소속으로 중국 남부의 광동(廣東)성 산터우(汕头)에서 사역하고 있었다. 깁슨은 자신의 선교구역 내에 세워져 있는 75개의 교회와 학교에서 사역하는 중국인 목회자와 설교자와 교사들에게 지불하는 비용 가운데 80%는 중국 교인들의 헌금으로 충당하고 있으며, 외국 선교기금을 통한 지원은 20%에 불과하다고 발표하였다. 그 외 지역의 중국교회들도 이와 비슷한 자립률을 유지하고 있으며, 몇몇 교회들은 이보다 높은 자립률을 유지하고 있다고 보고하였다. 이러한 사실에 고무된 듯 깁슨은 자립교회 설립 목표가 가까운 장래에 달성하기 어려운 것이 아니라고 보았다.[15)]

선교부 자금으로 현지 사역을 지원할 경우에 중국교회의 자립심을 적게 해치는 범위 내에서 돕도록 했다. 모든 교회가 완전 자립의 단계까지 이르지 못하고 있지만, 중국교회에서 자립은 실행 가능한 정책이라는 평가를 내렸다.[16)] 1877년~1907년의 30년에 걸쳐 개최되었던 3회의 중국 개신교 선교사대회에 보고되었던 중국교회의 자립 비율을 비교하면 다음과 같다.[17)]

〈표-2〉 중국교회 자립률 비교(1877, 1890, 1907)

	제1회 선교사대회(1877)		제2회 선교사대회(1890)		제3회 선교사대회(1907)	
재정 부담	중국교회	선교자금	중국교회	선교자금	중국교회	선교자금
자립 비율	16.7%	83.3%	50%	50%	80%⇧	20%⇩

처음 자립 문제가 논의되었던 1877년 중국교회의 자립률은 16.7%였는데, 13년이 지난 1890년에 50%로 높아졌으며, 이후 17년이 경과한 1907년에는 80%(혹은 그 이상)까지 올라갔다. 이에 따라 30년 만에 선교부의 기금을 통한 외부지원은 20%로 낮아졌다. 이러한 변화는 선교대회를 통해 선교사들이 선교지 교회의 자립 비율을 끌어올리기 위해 많은 논의와 노력을 기울인 결과로 보아야 할 것이다.

3. 한국교회와 자립 문제[18]

A. 한국교회의 자립 선교 전통

한국뿐 아니라 선교역사에 나타난 여러 사례를 보면, 선교사의 재정 후원으로 지어진 교회가 건강하게 성장하지 못하고, 선교사의 도움을 많이 받지 않은 교회가 더 건실하게 성장했음을 알 수 있다. 미국 북장로교 해외선교부 총무 브라운(Arthur J. Brown)은 1901년 한국을 방문한 후에, 발표한 한국 순방 보고서에서 선교와 돈 문제에 대해 다음과 같이 언급했다.

> 세계선교 역사 전체를 살펴보면, 선교지에서 돈을 너무 적게 사용했을 때보다 너무 많이 사용함으로써 나타나는 해악이 더 많았음을 확인할 수 있다.[19]
>
> – 아서 브라운(1901)

> 한국은 전 세계 어떤 선교지보다 적은 선교비를 지출하고도 가장 놀라운 발전을 이루었다.[20]
>
> – 아서 브라운(n.d.)

> 자립정책 수립이 쉽지 않았지만 계속 고수하는 것도 쉬운 일이 아니었다. 자립정책을 포기하고 싶은 유혹을 자주 받았다.[21]
>
> – 내한 미국 북장로교 선교사 사무엘 A. 마펫(1910)

> 선교사들이 우리에게 무거운 짐을 지운 것에 대해 감사한다. 도움을 요청할 때에 우리 요청을 들어주지 않은 것에 대해서도 감사한다.[22]
>
> – 무명의 한국 교인(1910)

B. 한국교회의 자립

네비우스(John Nevius, 1829~1893)[23]는 1890년 5월 개최된 제2회 중국 개신교 선교사대회[24]에서 "선교방법에 대한 역사적 고찰"이라는 논문을 발표하였고, 주한 미국 북장로교 선교사들의 초청으로 그해 6월 서울에서 젊은 선교사들에게 자립 선교에 대한 자신의 경험을 나누었다.[25] 이후 주한 장로교선교부는 네비우스 자립 선교방법을 공식적으로 채택했고, 언더우드와 마펫은 이를 철저하게 수용하였다.[26]

1891년 미국 북장로교 선교부가 발표한 선교정책을 보면, 자립 원칙이 강하게 반영되어 있음을 알 수 있다. 보수를 받는 현지인 사역자의 숫자는 최대한 줄이고, 미션 스쿨의 경우, 교과서 값을 받았고 학비도 무료로 하지 않았다. 신학반의 경우, 숙박과 식비는 각자 내도록 하고 예외적인 경우에 교통비를 지원했다. 찬송가, 성경, 전도용 책자도 무료가 아니라 종잇값의 1/3 이상에 판매했다.[27] 의료사업의 경우에도, 극빈자를 제외하고는 무료 진료를 지양하고 적은 진료비라도 받았고, 입원환자는 자신들의 침구를 가져오고 식비를 지불하도록 했다. 병원의 비싼 의료설비(plant)는 선교자금으로 구입하지만, 운영비 대부분은 환자들이 내는 진료비로 충당했다. 1896년 주한 미국 북장로교 선교부는 기독교학교에 대한 지원이 50%가 초과하지 않도록, 즉 50% 자립을 목표로 하였다.[28]

1890년부터 네비우스 자립 선교 원칙에 따라 선교한 지 9년이 되던 1899년 9월 당시 한국 장로교회의 자립 현황을 보면 다음의 〈표-3〉과 같다.

〈표-3〉 한국 장로교회 자립 현황 (1899)[29]

전체 교회	완전 자립교회	부분 자립교회	완전 자립교회 비율
188개	186개	2개	98.9%

언더우드는 당시 전국에 총 188개 장로교회 중에서 186개 교회가 예배당 건축비와 목회자 사례비, 교회 경상비, 교육비, 국내 및 해외 선교비 등 거의 모든 경비를 스스로 감당하는 자립교회로 그리고 자전하는 교회로 건실하게 성장하고 있다고 보고하였다.

1909년 미국 북장로교 선교부의 한국인 사역자 사례비 지불과 자립 현황을 살펴보면 다음과 같다.

〈표-4〉 한국인 사역자 사례비 자급 현황 (1909)[30]

한국인 사역자 수	한국교회 전액 부담	한국교회 + 선교자금 지원	완전자립 비율
1,052명	991명	61명	94.2%

위의 〈표-4〉를 보면, 1909년 당시 1,052명의 한국인 유급 사역자 중 991명의 사례비를 한국교회가 전액 감당하여 94.2%의 매우 높은 자급률을 보이고 있다. 그 나머지 61명의 교역자들은 한국교회가 전액 재정 부담이 어려웠기 때문에 선교사의 재정 후원을 부분적으로 받았으나 그 비율은 5.8%에 지나지 않았다.

〈표-5〉 교회 건축비 조달 현황 (1909)[31]

예배당 수	한국교회 전액 부담	한국교회(2/3) + 선교자금(1/3)	완전자립교회 비율
800개	780여 개	20여 개	97.5%

위의 〈표-5〉를 보면, 1909년 세워진 800개의 교회 중에 780여 개가 선교사의 재정 지원 없이 한국 교인의 전적인 헌금으로 세워져 97.5%의 자급률을 보이고 있다. 그 밖에 한국교회가 건축비 2/3를 감당하고 선교사로부터 나머지 건축비 1/3을 지원받아 건축한 20여 교회가 있었다.

1912-13년의 미국 북장로교 평북 선천 선교지부의 선교 규범은 다음과 같이 엄격한 자립 원칙을 강조하고 있다.

> 1. 자립하는 교회를 세우려면 "처음부터" 자립의 원칙을 고수해야 한다. 2. 빈곤의 문제는 자립과 아무런 관련이 없다. 3. 예배당 건물은 외국 선교자금으로 건축되어서는 안 된다. 4. 현지인 전도자나 교역자 사례비를 선교자금으로 지불해서는 안 된다.[32)]

이러한 원칙으로 인해 초기에 선교사에게 예배당 건축을 요청했다가 거절당했지만, 한국교인들이 한마음으로 헌금하여 교회를 건축한 사례들이 많았다. 황해도 장연 소래교회의 경우, 교인들이 언더우드에게 선교부 자금으로 예배당을 지어달라고 요청했다가 거절당했다. 자립 정책에 어긋나기 때문이었다.

몇 년 후 맥켄지(William J. McKenzie) 선교사가 소래에 왔을 때 그는 교인들에게 예배당 건축을 권면했다. 한 과부가 교회 부지를 헌납했고, 이후 가난한 교인들은 건축을 위해 헌금, 목재, 일군들의 음식 등을 제공하기 시작했고, 1896년 6월 언더우드의 집례로 기와집 교회 헌당식이 거행되었다.[33)]

이처럼 한국교회는 선교사의 도움을 의존하지 않고 자력으로 예배당을 세웠다. 이렇게 세워진 교회는 선교사 교회가 아닌 한국인 교회였고 주인의식을 가진 교인들은 교회에 더 큰 애착을 가지고 교회를 자립 운영해 나갔다.[34] 자립과 관련된 미국 북장로교 선교부의 교회 건축 정책은 외국 선교비를 쓰지 않고 한국 교인들 스스로의 헌금으로 세우게 하는 완전 자립이 원칙이었다.

우리의 주목을 끄는 점은, 예외적인 경우에 선교부 자금으로 교회 건축비를 지원하지만, 지원 액수가 총건축비의 "1/3"을 넘지 않도록 했다는 것이다. 이 경우에 두 가지 방안이 있었다.

첫째 방안은, 현지 교인들이 교회 건축비 전부를 감당할 수 없을 만큼 가난한 경우에, 교인들이 건축비의 2/3를 부담하도록 하고, 나머지 1/3은 선교부에서 지원하는 것이다.[35]

두 번째 방안은, 한국교인들이 건축비의 1/3을 감당하도록 하고, 나머지 2/3의 건축비 중에서 1/3은 선교부의 선교자금으로 지원하고, 나머지 1/3은 선교부 돈에서 빌려주고 3년에 걸쳐 갚아나가도록 했다.[36] 이를 도표로 정리하면 아래와 같다.

〈표-6〉 교회 건축비 조달 유형 (1893)

	유형 1	유형 2	유형 3
한국 교인 헌금	100%	2/3	1/3 ⇨ 2/3
선교 자금 지원	0%	1/3	2/3 ⇨ 1/3
유형별 특징	완전 자립	부분 지원	3년내 1/3 상환

그런가 하면, 이와 전혀 다른 상황이 전개되는 선교지도 있다. 선교사가 외부 자금으로 지어 준 교회는 외부인의 교회일 수밖에 없다. 현지 교

인들의 마음이 들어있지 않기 때문이다(마 6:21). 다음의 글은 미국의 선교팀이 남미에 가서 미국교회의 후원으로 교회를 건축해주고 난지 2년 후에, 현지 교인들이 미국으로 급하게 보내온 편지 내용이다.

> 미국에 있는 친구 여러분, 당신들이 이곳에 건축한 당신들의 교회 건물 지붕에 비가 새고 있습니다. 속히 와서 수리하고 가시기 바랍니다.[37)]

한국의 장로교 선교부뿐 아니라 감리교 선교부의 경우에도 상당한 수준의 자립이 추진된 것으로 보인다. 1905년에 미국 북감리교 선교사이며 총감리사(general superintendent) 윌리엄 스크랜턴(William B. Scranton)은 자립과 관련하여 현지인이나 선교사의 상관관계를 다음과 같이 설명하고 있다.

> 현지 교인들이 충분히 감당할 수 있는 일에 선교사들이 지나치게 참견하면, 자립정신이 아니라 거지 근성을 초래하게 된다. 너무 많이 도와주면 현지 교인들이 가지고 있지만 인식하지 못하고 사용하지 않고 있는 능력을 건전하고 자연스럽게 발휘해 나갈 수 있는 기회를 빼앗게 된다.[38)]

> 한국의 모든 교회들은 자립하는 교회의 모습을 잘 보여주며 자립에 진보를 나타내고 있다. 이제는 우리 선교사들이 한국 교인들로부터 집회 처소나 예배당, 혹은 시골에 학교를 세워 달라는 요청을 받는 일이 거의 없다. 예전에 우리가 학교를 세우고 싶으면 우리가 직접 세워야 했다. 교회를 지을 때에도 대부분 선교부 자금으로 지었다. 미국에서 보내 주는 현지 목회자 사례비는 지금도 우리에겐 매우 커다란 부담이 되고 있다.[39)]

이처럼 한국에 온 선교사들은 선교 초기부터 자립정책을 철저하게 적용하였다. 그 결과, 전도 사업에서 거의 완벽에 가까운 자급을 이루었고, 교육과 의료사업에서도 상당한 비율의 자립을 달성하였다. 1934년 미국 북장로교 한국 선교 50주년(희년) 대회에서 미국 북장로교 선교사 스왈른(W. L. Swallen)은 한국교회의 자립 선교에 대해 다음과 회고했다.

> 처음부터 나는 한국 교인들이 아무리 가난해도 그들 스스로 교회 재정을 책임질 수 있을 것이라는 신념을 가지고 있었습니다. 비록 그들이 어떻게 해나갈지 몰랐지만, 내 마음에 그러한 확신이 들었던 것입니다. 이제 40년이 지난 지금 나는 이 문제에 대한 나의 생각을 바꿀 하등의 이유가 없습니다.[40)]

요약하면, 선교사들이 수립한 자립정책이 아무리 훌륭해도 한국교인들의 뜨거운 헌금 열정과 자립정신이 뒷받침되지 않았다면 효과를 보지 못했을 것이다. 기꺼이 십일조를 드리며, 예배당을 세우기 위해 금식하며, 논과 밭 그리고 금가락지나 금/은비녀를 팔아 헌금하는 교인들이 있었기 때문에 네비우스의 자립 선교 방법이 성공적으로 뿌리내릴 수 있었다.

4. 건강한 자립교회 설립을 위한 제언

선교지에 건강한 자립교회를 세우는 것은 오랜 기간 선교사들의 공통된 목표였다. 본 글에서 논의되었던 여러 자립교회의 사례들을 중심으로 자립교회 설립을 위한 10가지 방안을 제안해 본다.

첫째, 선교사는 자립 선교에 대한 확신을 가져야 한다. 한국교회가 자립에 성공할 수 있었던 것은 선교사들이 자립에 대한 확신이 있었기 때문이었다. 언더우드는 일본 교인들이 한국교인들보다 재정적으로 훨씬 여유가 있었지만, 선교사 의존적으로 길들여져 있었다고 증언한다. 더디게 진행되고, 사역의 열매를 금방 기대할 수 없을지라도 자립교회 방안을 모색해야 한다.[41] 마펫 선교사는 자립 선교 정책은 선교사 개인의 확신에 따라 다른 성과를 가져온다고 주장한다.[42] **가난하기 때문에 자립 선교는 불가능하다는 생각을 버려야 한다.** 가난한 한국교회만이 자립에 성공했기 때문이다.

둘째, "처음부터" 자립원칙을 고수해야 한다. 중국에서 고안한 네비우스 자립 원칙이 진원지 중국과 재정적 여유가 많은 일본에서 실패하고 가난한 한국에서만 성공한 원인이 무엇일까? 그 주된 이유는 **"처음부터" 자립 원칙을 엄격하게 추진하였기 때문**이다. 언더우드는 일본 교인들이 한국 교인들보다 외국 선교부의 재정 지원에 더 의존적인 사실을 발견하고 무척 놀랐다고 했다.[43] 같은 선교지에 속해 있는 동료 선교사가 반대하면 자립 선교 방안을 추진하는 것이 쉽지 않다. 그러나 한국에서는 처음부터 모든 선교사가 자립원칙을 수용하고 추진했기에 성공을 거둘 수 있었다.

셋째, 아무리 가난해도 헌금하도록 가르쳐야 한다. 선교지 사람들이 가난하기 때문에 헌금할 수 없다고 생각하는 선교사는 결코 자립교회를 세우지 못한다. 현지교회가 헌금하지 않기 때문에, 더 가난해진다. 아무리 가난해도 드릴 것이 있다. 하나님은 가난한 중에도 생활비 전부를 드렸던 과부(사르밧 과부/왕상 17:8-16; 과부의 두 렙돈/ 눅 21:1-4)[44]와 가난 속에서도 풍성한 헌금을 드렸던 마게도냐교회(고후 8:1-5)를 축복하셨다. 또한 가난한 중에도 열심히 헌금한 한국교회를 축복해 주셨다. 선교사는 현지 교인들이 이러한 축복을 받을 수 있는 기회를 막아서는 안 된다. **자립은 가난과 직접적인 관련이 없다.**

넷째, 건축비 지원을 받는 교회는 더 가난한 교회를 지원하게 하라. 평양 장대현교회처럼 많은 비용이 드는 도심지의 교회 건축의 경우, 건축비를 모으기까지 시간이 오래 걸리므로, 선교부 자금을 일부 지원하여 예배당을 건축하였다. 이후 건축비 지원을 받은 장대현교회가 시골 지역의 교회 건축을 지원하였다.[45] 황해도 장연의 소래교회도 가난했지만, 자력으로 교회 건물을 세웠을 뿐 아니라, 인근 지역 교회의 건축비를 도와주었다. 또한 소래교회는 기근이 든 인도와 만주에 구호 헌금을 보내고, 오스만 제국(튀르기예 정부)이 자행한 아르메니아 학살 사건(1894~1897) 때 구호헌금을 보내기까지 했다.[46] 동아프리카 장로교회(PCEA)도 자신들을 후원하던 스코틀랜드 에딘버러에 홈리스(homeless) 아이들이 있다는 소식을 듣고 20만 케냐 실링(약 $30,000)을 구호비를 보냈다.[47] 안디옥 교회는 모교회인 예루살렘 교회가 큰 흉년을 당하자 구호헌금(扶助)을 보내었다(행 11:27-30). **주는 교회가 건강한 교회요 복된 교회다.**

다섯째, 현지 교인들이 헌금을 하게 하거나, 아니면 헌물하게 하라. 선교사는 교인들이 **가난하여 드릴 돈이 없다면, 농산물, 수산물 혹은 지역에서 나는 과일이라도 바치게 해야 한다.** 교회 건축 시에 헌금을 못 한다면 노동 봉사라도 하게 해야 한다. 초가집에서 한국 음식을 먹고 한국식으로 살다가 젊은 나이에 죽었던 캐나다 선교사 윌리엄 맥켄지(William McKenzie,

1861~1895)가 황해도 장연에 왔을 때 소래교회 건축이 시작되었다. 당시 소래 교인들은 가난했지만, 교회 부지, 헌금, 목재, 일꾼들의 음식 을 제공하는 등 모든 교인들의 참여로 1895년 7월 기와집 교회를 헌당하였다.[48]

여섯째, 같은 지역에서 동일한 사람들을 대상으로 장기간의 지속적인 재정 지원을 하지 마라. 선교지 교인들이 가난하고 교인 수가 적은 경우에 선교사가 필요하다고 판단하면 현지교회가 성장할 때까지 한시적으로 재정 지원을 할 수 있다. 하지만, 선교사의 재정 지원을 점진적으로 줄이고, 현지교회의 재정 자립도를 높여가야 한다. **긴급 구호 사업을 제외하고는 같은 지역에서 동일한 사람들을 대상으로 장기간에 걸친 재정 지원은 삼가야 한다.** 만성적 의존성을 심어줄 수 있기 때문이다.[49]

일곱째, 현지 교인들에게 선교사가 모든 재정을 책임져줄 것이라는 생각을 갖게 하지 마라. 마펫은 현지 교인들이 건축을 위해 먼저 최대한 헌금하도록 한 다음, 나머지 부분을 채워주었다. 선교사는 현지교회의 자립 의지를 독려해야 한다.[50] 선교사는 현지 교인들에게 십일조 헌금을 가르쳐서 교회 재정의 자립률을 높여야 한다. 선교사가 성급하게 선교 자금을 가져와 현지교회를 건축해주거나 대형 건축물을 짓게 되면 자립 단계까지 나아가기가 쉽지 않다. **현지 교인들에게 선교사가 모든 재정을 채워줄 것이라는 생각을 갖게 해서는 안 된다.**

여덟째, 이양을 대비해 현지교회가 운영할 수 있는 규모와 시설로 교회를 건축하라. 선교지에서 크고 멋있는 예배당을 지으려는 유혹을 받기 쉽다. 외부 자금으로 지어진 건물들도 언젠가 현지인들에게 넘겨주어야 한다. 이양을 염두에 두지 않고 대규모로 지은 예배당은 현지교회에 넘겨주기가 쉽지 않다. 건물 유지비가 엄청나게 많이 들기 때문이다. 또한 현지인 명의로 등록했다가 교회 건물의 소유권 분쟁에 휩싸이기도 한다.[51)]**선교지 교회는 이양에 대비하여 현지교회가 감당할 수 있는 적정 규모로 지어져야 한다.**

아홉째, 선교지 교인들의 소득 증대를 위해 현지 상황에 맞는 자립방안을 세우라. 중국 산동의 네비우스(John Nevius) 선교사는 서구 농업기술을 가르쳤으며, 미국 뉴잉글랜드산 사과, 배 묘목을 수입하여 교인들의 소득 증대를 꾀했다.[52)] 대구에서 사역했던 아담스(James E. Adams) 선교사는 미국 개량종 사과 묘목을 가져와 교인들에게 보급하여 자립 기반을 마련하려고 노력했다.[53)] 호주 장로교 선교사들은 경남지역에서 발육이 빠른 요크셔(Yorkshire) 백돼지를 들여와 우량 품종을 개발하여 분양했으며, 양과 염소를 도입하기도 했다.[54)]

열째, 선교지 예배당 건축 시, 현지 교인들도 건축비의 일정 부분을 감당하게 하라. 선교사는 현지 교인들이 100% 감당은 힘들더라도, 교회 부지나 건축비용 일부분을 감당하도록 해야 한다. **자립교회의 설립은 선교의 궁극적 목표여야 한다.** 그러나 자립 원리를 모든 선교지에 일관되게 적용할 수는 없다. 자립교회 개척이론은 한국 평안도의 자립적 중산층 교회설립과 성장을 통하여 입증된 것처럼, 급속한 교회 성장이 일어나고 있는 지역이나 교육받은 중류층이 거주하는 도시지역에 교회가 설립되고 자

립정책이 도입되면 엄청난 시너지 효과를 얻게 된다.[55)]

5. 맺는 말

한국은 중국이나 일본보다 더 가난했지만, 한국교회만이 자립교회에 성공했다. 한국교회는 가난이 자립과 직접 관련이 없음을 보여주는 단적인 예이다. 한국교회는 세계선교역사에서 몇 안 되는 자립하고 선교하는 교회가 됨으로써 서구교회 선교의 자랑스러운 열매가 되었다. 그런데 지금 한국교회는 일부 선교지에서 물량 공세를 폄으로써 서구 선교가 과거에 받던 비난을 받고 있지는 않는가?

선교사는 물고기를 잡아주기보다는 물고기 잡는 법을 가르쳐 주어야 한다. 이제는 한국 선교사들이 선교지에서 자립교회를 세워가기 위한 새로운 대안을 마련할 때가 되었다. 초기 개신교 선교사들은 네비우스 정책을 채택하여 한국교회를 성장시켰다. 이러한 자립 선교의 역사는 현재 한국교회에게 물량 공세에서 벗어나 건강한 자립교회의 설립을 요청하고 있다. 지금까지 한국교회는 선교지에 수많은 교회를 개척해 왔다. 이제는 한국교회가 '얼마나 많은 교회를 세웠느냐' 보다는 '얼마나 건강한 자립교회를 세워나가느냐'에 더 많은 관심을 가질 때가 되었다.

필리핀 선교사를 마치고 풀러신학교에서 가르쳤던 박기호는 선교지 예배당 건축 지원사업을 강하게 비판한다. 그 이유는 한국교회의 선의의 도움이 현지교회의 성장을 가로막고 해를 끼치는 경우가 많기 때문이다.[56)]

> 현지교회에 땅을 사주고, 건물을 지어 주고, 목사 월급을 지급하면서, 선교지에서 토착 교회를 발견하기란 매우 어렵다.[57]

두 사람 합산하여 50여 년의 타문화권 교회 개척 경험을 가진 크레이그 오트(Craig Ott)와 진 윌슨(Gene Wilson)은 "신생교회가 건물을 구매하거나, 세우기 위해 외부 자금을 사용하는 것을 고려할 때, 많은 지혜가 필요하다."[58]고 조언한다. 선교사는 현장에 영원히 머물 수 없다. 자신의 사역을 넘겨주고 언젠가 떠나야 한다. 그러므로 선교사는 현지 교회의 자립과 이양을 염두에 두고, 현지인 목회자를 세우는 일에 전심전력해야 한다. 즉 선교사는 교회를 낳는 '산모'가 아니라, 현지 교인들이 사명감을 갖고 교회를 지켜나가도록 돕는 '산파'가 되어야 한다.[59]

한국교회가 선교지에 많은 교회를 세우는 것은 좋은 일이다. 하지만 "네 보물 있는 그 곳에는 네 마음도 있느니라"(마 6:21)는 말씀에 비추어 볼 때, 세워진 교회 대부분이 현지 교인들의 물질적 참여 없이 세워졌다는 점에서 우리의 교회 개척 방식은 재고되어야 한다. 네비우스의 자립 정책은 선교자금을 전혀 쓰지 말라는 것이 아니다.[60] 가급적 적게 쓰고, 쓰더라도 제한적인 범위 내에서 쓰라는 것이다.

선교사들은 선교지 상황에 맞는 다양하고 특화된 자립 선교 방안을 개발하여 교인들에게 자립의 기반을 마련해 주어야 한다. 자립교회의 아름다운 전통을 가진 한국교회가 선교지 도처에서 물량주의 공세 때문에 비난받고 있는 현실은 역사의 아이러니다. 선교현장에서 전개되고 있는 물량주의 선교의 폐해를 이해하고, 보다 성숙하고 건강한 선교를 수행하기 위해서 선교사와 후원교회의 공동 노력이 요청된다.

토의 질문

1. 한국교회의 자랑스러운 자립 선교역사와 전통에 대해 구체적으로 논의해 보자.

2. 한국교회의 자립 선교 전통을 기억하면서, 한국교회가 선교지에 세우는 교회들은 어떤 교회들인지 점검해보자.

3. 선교지 교회를 건강하게 세울 수 있는 방안은 어떤 것이 있을지 논의해 보자.

4. 미국교회의 100% 후원으로 세워진 남미교회 교인들이 보내온 아래의 전보 내용이 시사하는 바가 무엇인지 논의해 보자.

> "미국에 있는 친구 여러분, 이곳에 건축한 당신들의 교회 건물에 비가 새고 있습니다. 속히 와서 수리하고 가시기 바랍니다."

1) 변창욱, "중국교회 자립과 효율적인 선교비 사용: 중국 개신교 선교사대회(1877, 1890, 1917)를 중심으로," 『선교와 신학』 제31집(2013.02): 205-247을 참고하여 정리한 것임을 밝힙니다.
2) *Records of the General Conference of the Protestant Missionaries of China, Held at Shanghai, May 10-24, 1877* (Shanghai: Presbyterian Mission Press, 1878), 284-285.
3) S. L. Baldwin, "Self-support of the Native Church," in *Records of the General Conference of the Protestant Missionaries of China* (Shanghai, 1877), 284.
4) 위의 책, 286.
5) 현지 목회자 봉급의 50%(1년 차), 40%(2년 차), 32%(3년 차), 25.6%(4년 차), 20.48%(5년 차), 0%(6년 차) 등 매년 1/5씩 후원 액수를 순차적으로 줄여나가 6년 차에는 완전히 자립하도록 하는 방안이다.
6) Baldwin, "Self-support of the Native Church," 290-291.
7) 위의 책, 292.
8) 한국 개신교 선교가 시작된 이후 선교정책 수립의 중요한 시기에 1890년 상해에서 개최되었던 제2회 중국 개신교 선교사대회에 한국의 미국 북장로교 기포드(Daniel L. Gifford)와 미국 북감리회 올링거(Franklin Ohlinger)가 장감(長監) 두 선교부를 대표하여 참석했다.
9) G. L. Mason, "Methods of Developing Self-support and Voluntary Effort," in *Records of the General Conference of the Protestant Missionaries of China, Held at Shanghai, May 7-20, 1890* (Shanghai: American Presbyterian Mission Press), 417-418.
10) 위의 책, 419.
11) 위의 책, 423. 미얀마의 바세인(Bassein) 지역의 침례교회들은 한동안 십일조 약정과 성경읽기 서약을 하지 않으면 세례를 주지 않았다. 선교사는 수세자(受洗者)들이 전체 교인 앞에서 각자의 수입에 따라 헌금을 드리겠다는 서약을 받을 수도 있다.
12) 위의 책. "돈 대신 쌀을 바치던 제도는 이보다 늦은 시기에 한국교회에서 행해지던 '성미'(誠米) 제도와 흡사하다. 모아진 성미는 현지교회 전도자들에게 분배됨으로써 선교사나 선교부의 재정 지원에 전적으로 의존하던 외부 재정 의존도를 낮추고 현지교회 자립을 강화하게 되었다. 이처럼 인도와 한국의 가난한 교회 여성들에 의해 정기적으로 바쳐지던 성미는 "자급 헌금"으로서 현지교회 자급에 중요한 역할을 감당하게 된다." 이덕주, 『한국 토착교회 형성사 연구』 (서울: 한국기독교역사연구소, 2000), 377-380. 성미 운동에 대한 현존하는 가장 오랜 기록은 1905년 개성지방 선교보고서에서 찾아볼 수 있다.
13) Mason, "Methods of Developing Self-support and Voluntary Effort," 423. "이것은 한국교회의 '날 연보'(日捐補, Day Offering)를 연상시킨다. '날 연보'로 바친 시간은 주로 전도하는 일에 사용되었다. 평양의 미국 북감리회 선교사 무어(J. Z. Moore)는 "여기[날 연보]에 참가하는 사람들은 보수를 받지 않을 뿐 아니라 어떤 경우에는 전도하는 데 드는 비용을 본인 스스로가 부담함으로써 시간도 물질도 바친다."(J. Z. Moore, "Nal Yunbo," *Korea Mission Field* 4 (April 1908): 61). '날 연보'는 주로 사경회나 부흥회 기간 중에 실시되었는데, 1904년 11월 미국 북장로회 선교구역인 평북 철산 사경회에서 처음 시작되었다.
14) 중국 개신교 선교사대회는 1900년에 개최될 예정이었으나, 그 해에 미국 뉴욕에서 세계선교사대회가 열리고, 1900년 중국에서 의화단 사건이 발생함으로써 1907년에 열렸다[Centenary

Conference Committee, *Records of the China Centenary Missionary Conference, Held at Shanghai, April 25 to May 8, 1907* (Shanghai: Centenary Conference Committee, 1907), 11].

15) John C. Gibson, "The Chinese Church," in *Records of the China Centenary Missionary Conference, Held at Shanghai, April 25 to May 8, 1907,* 12.

16) 위의 책, 15.

17) 본 도표는 같은 선교지역에서 시차를 두고 행해진 비교가 아니라, 다른 선교지역에서 시차를 두고 행해진 자립률을 근거로 만든 비교라는 한계를 지닌다.

18) 변창욱, 『한국교회 선교운동사』 (서울: 장로회신학대학교 출판부, 2018), 제5장 "한국교회 자립선교 전통과 비자립적 선교행태," 125-158을 참고하여 정리한 것이다.

19) Rev. Arthur J. Brown, *Report of a Visitation of the Korea Mission of the Presbyterian Board of Foreign Missions* (New York, N.Y.: The Board of Foreign Missions of the Presbyterian Church in the U.S.A., 1902), 11.

20) Charles Allen Clark, *The Nevius Plan for Mission Work: Illustrated in Korea*, 박용규, 김춘섭 역, 『한국교회와 네비우스 선교정책』 (서울: 대한기독교서회, 1994[1937]), 158에서 재인용.

21) S. A. Moffett, "The Place of the Native Church in the Work of Evangelization," *Union Seminary Magazine* 22 (October-November 1910): 233.

22) 위의 글, 235. 1910년 에딘버러 세계선교사대회에서 마펫이 한국교회의 자립에 대해 언급하면서 소개한 내용이다.

23) 1854년부터 중국 영파와 산동에서 30여 년간 사역하면서 네비우스는 자신의 선교방법을 1885년 *Chinese Recorder*에 처음 기고했고, 이는 1886년 『선교방법론』(*Methods of Mission Work*)으로 출간되었다. 이 책은 1899년 『선교교회의 설립과 발전』(*The Planting and Development of Missionary Churches*)이라는 제목으로 재출판되어 한국 파송 선교사들과 해외선교를 위한 대학생 선교자원운동(SVM)의 선교연구반 교재로 널리 읽혔다.

24) 상해 중국 개신교선교사대회(1890)에 주한 미국 북장로교의 기포드(Daniel L. Gifford)와 미국 북감리교의 올링거(Franklin Ohlinger) 선교사가 장감 두 선교부를 대표하여 참석했다.

25) H. G. Underwood, "Object Lessons of Self-Supporting," in *Report of the Ecumenical Conference on Foreign Missions, Held in Carnegie Hall and Neighboring Churches, April 21 to May 1*, 1900, Vol. II (New York: American Tract Society, 1900), 301.

26) Horace G. Underwood, *The Call of Korea* (New York: Fleming H. Revell Company, 1908), 109-110; Roy E. Shearer, *Wildfire: Church Growth in Korea*, 이승익 역, 『한국교회 성장사』 (서울: 대한기독교서회, 1966), 243-247.

27) Clark, 『한국교회와 네비우스 선교정책』, 97-113; Harry A. Rhodes, *History of the Korean Mission: Presbyterian Church U.S.A., 1884-1934* (Seoul: YMCA Press, 1934), 88-89.

28) 1900년에 설립된 대구 지역의 첫 기독교 교육기관인 "야소교 대남소학교"의 경우에도, 자립의 원칙에 따라 학생들이 50%를 부담하고, 나머지 50%를 선교사들이 지원했다(Rhodes, *History of the Korea Mission Presbyterian Church U.S.A.,* 190). 1896년 마펫은 평안도 순안교회가 초등학교 설립을 계획할 때 교인들이 건축비 3/5(60%)을 내고, 나머지 2/5(40%)를 지원하는 방안을 소개한다(S. A. Moffett to Ellinwood, January 21, 1896).

29) Underwood, "Object Lessons of Self-Supporting," 302.

30) *Quarto Centennial Papers Read before The Korean Mission of the Presbyterian Church in the U.S.A. at the Annual Meeting in Pyeng Yang, August 27, 1909*, 23. 1934년경, 300여 명의 한국교회 목회자 사례비는 완전히 한국교인들에 의해 지불되고 있으며, 600여 명의 남녀 조사와 전도자 중 90%는 한국교회가 전적인 책임을 지고 있으며 나머지 10% 정도만 전부 혹은 부분적으로 미국 선교부 돈에서 지원받았다(Rhodes, *History of the Korean Mission*, 398–399).

31) Rhodes, *History of the Korean Mission*, 398.

32) 위의 책, 397.

33) Underwood, "Object Lessons of Self-Supporting," 302-303. 소래교회가 세워진 터는 원래 마을 성황당이 서 있던 곳이었다.

34) Brown, *Report of a Visitation of the Korea Mission of the Presbyterian Board of Foreign Missions*, 11; 차재명 편, 『조선예수교장로회사기』 상권 (서울: 조선기독교창문사, 1928).

35) Rhodes, *History of the Korean Mission*, 399. 서울 연동교회는 두 번째 방식으로 1907–1908년에 지어졌다.

36) *Interdenominational Conference of Foreign Missionary Boards and Societies in the United States and Canada, 1893* (New York: E. O. Jenkin's Son's Printing Press, 1893), 16. 이는 1893년 1월 미국 북장로교 해외선교부에서 모인 제1회 북미 개신교 해외선교부 회의에서 언더우드가 밝힌 방안이다.

37) Glenn J. Schwartz, *When Charity Destroys Dignity: Overcoming Unhealthy Dependency in the Christian Movement* (Lancaster, PA: World Mission Associates, 2007), 55–56.

38) W. B. Scranton, "Self Support," *The Korea Methodist* 1 (July 1905): 118.

39) 위의 글.

40) F. S. Miller, "Reminiscences by Some of the Senior Missionaries," in *The Fiftieth Anniversary Celebration of the Korean Mission of the Presbyterian Church in the U.S.A.*, 54.

41) H. G. Underwood, "An Object Lesson in Self-Support," *Missionary Review of the World* 13 (June 1900): 443.

42) *Report of the Fifth Conference of Officers and Representatives of the Foreign Missions Board and Societies in the United States and Canada* (New York: Foreign Missions Library, 1897), 39.

43) Underwood, "An Object Lesson in Self-Support," 443–444.

44) 언더우드는 황해도 소래에서 한 가난한 과부가 교회 건축을 위한 부지를 헌납한 사례를 소개한다.

45) H. G. Underwood, "Evangelistic Report, 1897," 이만열 · 옥성득 편역, 『언더우드 자료집』 II (서울: 연세대학교 출판부, 2006), 185–186; S. A. Moffett, "평양과 인근 지방의 전도 사역(1895년 10월)," 김인수 옮김, 『마포삼열 목사의 선교 편지(1890–1904)』 (서울: 장로회신학대학교 출판부, 2000), 320–321.

46) Robert E. Speer, *Report on the Mission in Korea of the Presbyterian Board of Foreign Missions* (New York: Board of Foreign Missions of the Presbyterian Church in the U.S.A., 1897), 19; H. G. Underwood, "Object Lessons of Self-Supporting," 303.

47) Schwartz, *When Charity Destroys Dignity*, 12–13, 69.

48) H. G. Underwood, "Object Lessons of Self-Supporting," 302-303. 1895년 6월 23일, 맥켄지 선교사는 일사병, 고열과 부실한 영양 상태로 인해 정신이 혼미한 상태에서 권총 자살로 생을 마감하였다.

49) 장순호, "구제와 개발을 통한 선교," 『21세기를 향한 한국선교의 비전: 제1차 한인선교사 지도력 개발회의 글모음』, 정민영 외 엮음 (서울: IVP, 1996), 169,173.

50) S. A. Moffett to Ellinwood, July 31, 1897.

51) 필자는 필리핀에서 권총 강도를 당한 선교사가 귀국한 후에 현지인 사역자가 교회 건물을 사유화해서 다른 구매자를 찾고 있는 사례를 목격했다. 현지 교인들의 헌금으로 지어진 교회에서는 발생하기 어려운 경우이다.

52) Samuel H. Cho, "John L. Nevius and the Conceptualisation of the Gospel in the 19th Century China: A Case Study," *Asia Journal of Theology* 2 (1988): 295-296; Clark, 『한국교회와 네비우스 선교정책』, 42-43; 옥성득, "한국 장로교의 초기 선교정책(1884-1903)," 『한국기독교와 역사』 제9호 (1998년 9월): 138-139.

53) 필리핀 마닐라의 새생명교회는 남부의 네그로스(Negros) 오리엔탈과 옥시덴탈 섬 지역에 개척한 여러 현지교회 목회자들에게 최소한의 생활비를 지원하면서, 몇 가지 자립 방안을 시도했다. 처음에 암퇘지 새끼를 나누어주고 잘 키워서 자립의 기반으로 삼기를 원했으나 새끼를 얻기도 전에 다 잡아먹고 말았다. 이러한 실패를 바탕으로 다음에는 망고나무 묘목을 심어주어 자립할 수 있는 경제적 기반을 제공하고 있다.

54) "근 · 현대 발전에 기여한 호주 선교사들을 돌아보다" 『경남일보』 (2021.04.02). http://www.gnnews.co.kr/news/articleView.html?idxno=473831

55) Shearer, 『한국교회 성장사』, 246. 교회 성장이 더디거나 자립을 위한 경제적 기반이 없는 소작농이나 극빈층에서 지나치게 자립정책을 고수하면 교회 개척과 성장할 수 있는 기회마저 갖지 못할 수도 있다.

56) 박기호, 『타문화권 교회 개척』 (서울: 개혁주의신행협회, 2005), 131.

57) 위의 책, 140.

58) Craig Ott and Gene Wilson, *Global Church Planting: Biblical Principles and Best Practices for Multiplication* (Grand Rapids, MI: Baker Academic, 2011), 387.

59) 변창욱, "왜 현지인 중심의 선교여야 하는가?" 『목회와 신학』 제385호 (2021년 7월호): 47-48.

60) Frampton F. Fox, "Foreign Money for India: Antidependency and Anticonversion Perspectives," *International Bulletin of Missionary Research* 30 (July 2006): 137.